달달 읽고 곰곰 생각하는

달콤한
문해력 기본서

5~6학년 추천

초등
5단계
A

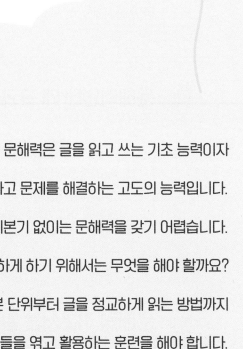

문해력은 글을 읽고 쓰는 기초 능력이자

글을 이해하고 분석하고 비판하고 문제를 해결하는 고도의 능력입니다.

그래서 기본기 없이는 문해력을 갖기 어렵습니다.

그렇다면 문해력의 기본기를 탄탄하게 하기 위해서는 무엇을 해야 할까요?

바로 글을 이루는 기본 단위부터 글을 정교하게 읽는 방법까지

개념 하나하나를 익히고, 그 개념들을 엮고 활용하는 훈련을 해야 합니다.

달곰한 문해력 기본서를 한 학년 동안 익히면 40개의 개념 퍼즐을 맞추게 되고,

전 학년 익히면 200개의 개념 퍼즐을 완성하게 됩니다.

그러면 우리가 상상하는 것보다 더 근사하고 굉장한 힘인 '문해력'을 갖게 될 것입니다.

문해력, 왜 필요한가요?

한 번 읽었던 지문은 이해도 잘 되고, 문제도 잘 풀어요.
그런데 다른 과목처럼 실력이 쌓이는 것 같지 않아요.
새로운 글을 읽을 때마다 다시 처음부터 시작이에요.

지금, 문해력의 기본을 익혀야 합니다.

용어만 다를 뿐 독해력과 문해력은 같은 것 아닌가요?

국어 공부뿐만 아니라 다른 과목의 학습을 위해서 둘 다 꼭 필요한 능력이지만 분명한 차이가 있습니다.

독해력
• 글을 읽고 이해하는 능력
• 글의 정보를 이해하고 이를 바탕으로 다양한 문제를 풀고 표현하는 능력

문해력
• 글을 읽고 이해하고, 분석하고, 표현하는 능력
• 글의 정보를 이해하고 글 속에 담긴 의도와 맥락을 분석하고 비판하는 능력

시험이 목표라면 독해력을 향상시키는 연습이 더 중요할 것이고,
국어 실력 향상이 목표라면 문해력으로 기본기를 탄탄히 다져야 합니다.

문해력인데 왜 교과서 개념으로 익혀요?

국어 교과서
• 말하고, 듣고, 읽고, 쓰는 활동을 배우는 과목
• 다른 과목의 내용까지 읽고 이해할 수 있도록 문해력 향상의 기본이 되는 과목

어떤가요?

문해력의 기본은 교과서 개념으로 다져야겠지요?

문해력 기본서는 일석삼조(一石三鳥)가 됩니다.

문해력의 기본을 익힌다

각 학년의 교육 과정에 있는 국어 교과서 개념을 다루어서 교과서 개념 학습을 따로 할 필요가 없습니다.

다른 과목의 자료를 읽고 이해하며 학습한 것에 대한 수행 평가를 하는 데에도 큰 도움이 됩니다.

다양한 글을 비판적으로 분석하고 표현하는 능력은 중고등학교 학업 성과를 높이는 단단한 기초가 됩니다.

"달곰한 문해력 기본서와 함께
문해력 공부를 시작해 보세요"

문해력은 아이들의 미래를 결정짓는 가장 중요한 능력 중 하나입니다. 현대 사회에서 문해력은 단순히 글자를 읽고 쓰는 수준에 그치지 않고, 다양한 정보를 이해하고 분석하며, 자신의 생각을 논리적으로 표현하는 능력으로 확장되고 있습니다. 문해력은 **우리 아이들이 사회의 주역으로 성장하는 데 반드시 갖추어야 할 필수적인 능력인 것입니다.**

언론을 통해 문해력 저하를 우려하는 뉴스와 기사들을 종종 접합니다. 학교 현장에서 아이들을 가르치는 선생님들도 초등학생의 문해력 저하 현상을 실제로 체감하고 있습니다. 뿐만 아니라 다양한 연구 결과에서 문해력 저하와 관련된 지표들이 보고되고 있습니다. 교육 당국에서는 초등학생의 문해력 신장을 위해 다양한 정책을 추진하고 있습니다.

추천사 **방은수 교수님**

이런 흐름 속에 '달곰한 문해력 기본서' 시리즈가 우리 소중한 아이의 문해력 향상을 목표로 출판되었습니다. 달곰한 문해력 기본서는 **초등 학교 국어 교과서에서 제시하는 기본 개념을 좋은 글과 함께 익힐 수 있도록 구성**되었습니다.

달곰한 문해력 기본서가 우리 아이의 문해력 향상에 큰 도움을 줄 것이라고 생각합니다.

문해력은 아이들이 잠재력을 최대한 발휘하면서 행복한 삶을 살아가는 데 필수적인 능력입니다.
우리 아이들이 스스로 생각하고 판단하며 세상과 소통할 수 있도록,
지금부터 달곰한 문해력 기본서와 함께 문해력 향상을 위한 노력을 시작해 보세요.

100명의 검토 교사 명단

신건철 서울구로초등학교	공은혜 서울보라매초등학교	이내준 서울신곡초등학교	홍현진 삼은초등학교	박장호 신곡초등학교
조민의 서울봉현초등학교	양수영 서울계남초등학교	전채원 인천봉수초등학교	박병주 김천동부초등학교	이상명 검산초등학교
박소연 서울연가초등학교	조원대 글빛초등학교	김 솔 양서초등학교	김희진 보름초등학교	윤지현 서울대치초등학교
김광희 인천연안초등학교	김나영 대전반석초등학교	정선우 대구하빈초등학교	김성신 수현초등학교	조보현 성산초등학교
김성혁 서울가인초등학교	이화수 인천용학초등학교	안기수 관호초등학교	김효주 현동초등학교	정진희 다솜초등학교
선주리 송운초등학교	길수정 천안삼거리초등학교	이용훈 군서초등학교	강수민 대전변동초등학교	최흥섭 대구한실초등학교
서미솔 서울우이초등학교	박은솔 샘말초등학교	최이레 구미원당초등학교	김유나 인천완정초등학교	박한슬 부곡중앙초등학교
김은영 서울신상계초등학교	이상권 인천백석초등학교	구창성 대구월곡초등학교	김석민 인천부평서초등학교	이상은 세종도원초등학교
박원영 서울도림초등학교	정대준 서울가동초등학교	김재성 수현초등학교	박기병 청원초등학교	한동희 대구세천초등학교
최보민 인천해서초등학교	박다솔 신일초등학교	오인표 인천새말초등학교	이기쁨 천안성성초등학교	이영진 신곡초등학교
차지혜 서울누원초등학교	양성남 새봄초등학교	이석민 상탄초등학교	정하준 천안성성초등학교	노희창 문산동초등학교
이근영 서울대방초등학교	백신형 서울증산초등학교	이경희 남양주월산초등학교	배민지 미사초등학교	정민우 참샘초등학교
윤우덕 서울가인초등학교	김나현 인천당서초등학교	김동희 청옥초등학교	허영수 구미신평초등학교	박혜란 수양초등학교
정혜린 서울구룡초등학교	조상희 남양주월산초등학교	이서영 신현초등학교	최흥섭 대구한실초등학교	정금향 한가람초등학교
김일두 성복초등학교	이동민 구미봉곡초등학교	최병호 인천장수초등학교	이동훈 서경초등학교	조소희 참샘초등학교
이혜경 개정초등학교	정광호 아름초등학교	김연상 하안북초등학교	박빛나 목포옥암초등학교	배장헌 구미인덕초등학교
이지현 서울석관초등학교	최지연 서울원명초등학교	조예진 부천중앙초등학교	심하루 세종도원초등학교	김규연 금란초등학교
박다빈 서울연은초등학교	이정민 부천대명초등학교	정혜란 서울행현초등학교	이연정 서울길동초등학교	김고운 구미신평초등학교
김성은 서울역촌초등학교	김성현 인천용학초등학교	서정준 인천부평서초등학교	윤미정 차산초등학교	정요원 갈매초등학교
이지윤 대구새론초등학교	심지현 시흥월곶초등학교	김효주 현동초등학교	이호석 운정초등학교	조민정 다산새봄초등학교

구성과 특징 ╱╱╱╱✈

04 이야기의 주

가는 찍이 커어 오는 택도 크지.

1 개념 사전

그림으로 개념을 한눈에 이해하고, 꼭 알아야 할 교과 개념을 익혀요.

이야기의 주제는 인물의 말과 행동을 통해
야기하고자 하는 바를 인물의 말과 행동에
보면 이야기의 주제를 파악할 수 있어요.
+ **주제** 글쓴이가 말하고자 하는 중심 생각
❶ '흥부전」의 주제: 착한 일을 하면 복을
+ **이야기의 주제를 파악하는 방법**
· 이야기에서 말하는 이를 찾고, 말하는
· 소재가 이야기에서 어떤 기능을 하는지

2 개념 확인

짧은 글에서 개념을 찾아보는 연습을 해 보세요.

3 긴 글 읽기

1회독 막연하게 읽지 말고 지문에 따른 읽기 방법을 적용해서 읽어 보세요.

위그든 씨의
사탕가게
글 흘 빌리어드

1회독

안내를 부탁합니다

"안내를 부탁합니다."
한두 번 찰칵하는 연결음이 나더
"ⓐ안내입니다."
"손가락을 다쳤어요. 아파요. 엉엉
이제 누군가가 듣는다는 것을 알
서 ⓒ여성의 목소리가 울었다.
"집에 엄마 안 계시니?"
나는 흘쩍거리며 대답했다.
"나 말고는 아무도 없어요."
"피가 나니?"
"아니요 망치로 손가락을 쳤는데,
그녀가 물었다.
"냉장고를 열 수 있니?"
내가 할 수 있다고 하자, 그녀가 말
"위칸에 있는 냉동실에서 얼음 조각
지 않을 거야. 울지 말고 곧 괜찮아
그녀의 말대로 했더니 정말 아프지
니다」를 존경하게 되었다. 그 후 내가
그녀에게 전화를 걸었다. 그녀는 ⓔ만
었다. 항상 인내심과 이해심을 가지고
지리에 대해 물었다. 그녀는 필라델피아
하고 싶은 아름다운 **오리노코강**이 어
법도 가르쳐 주고, 우리 집 고양이가 새
는 며칠 동안 가까이 가지
말라는 말도 일러 주었다.
너는 내가 레버나 공원에서
잠은 다람쥐에게는 **땅콩이**나

* **수화기로** 받을 수 끝 말을 회,
  흘 그른 기 전화기에서, 귀에
  대고 듣는 부분
* **필라델피아** 미국 펜실베이니
  아주 동남쪽에 있는 도시
* **오리노코강** 남아메리카 복부
  를 흐르는 강

4 구조 읽기

읽은 내용을 구조화하여 정리해 보세요.
2회독 정리가 잘 안 되면 다시 한 번 지문을 꼼꼼하게 읽어요.

5 꼼꼼한 이해

어휘, 글의 정보 등 글의 사실적인 내용을 확인해 보세요.

5 꼼꼼한 이해

1 ⓐ~ⓔ 중 가리키는 대상이 다른 것은

2 이 이야기에 나오는 소재의 의미로
① 수화기: 그녀와 '나'를 연결해
② 고양이: 그녀가 땅콩이나 밤
③ 새 전화국: 십대가 된 이후 그
④ 카나리아: '나'가 키우던 새로
⑤ 얼음 조각 몇 개: '나'가 아래
게 되는 이유가 된다.

6 개념의 적용

앞에서 배운 개념이 글에 어떻게 적용되어 있는지 확인해 보세요.

6 개념의 적용

3 이 이야기의 주제를 이해하기
길 알맞은 말을 찾아 각각 두 글

어려운
도움을
'나'의
주고
나 위로

7 생각과 판단

글의 의도, 내용의 옳고 그름 등 추론과 비판 활동을 해 보세요.

8 생각 펼치기

글을 읽고 이해한 자신의 생각을 글로 표현해 보세요.

4 이 이야기의 주제로 알맞
① 전화와 안내원이 없
② 호기심 많고 순수한
③ 어린 시절 전화국의
④ 어린아이의 순수함
⑤ 어린아이의 순수함

확인 문제를 풀어 보며 개념을 익혔요.

1 다음 이야기를 읽고, 괄호에 들어갈 알맞은 말을 찾아 ○표 하세요.

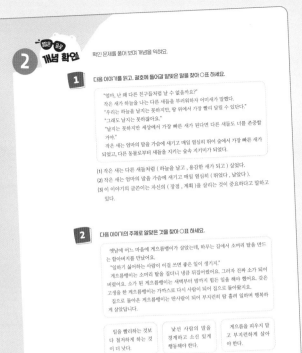

"엄마, 난 왜 다른 친구들처럼 날 수 없을까요?"
작은 새가 하늘을 나는 새들을 부러워하자 어미새가 말했다.
"우리는 하늘을 날지는 못하지만, 땅 위에서 가장 빨리 달릴 수 있단다."
"그래도 날지는 못하잖아요."
"날지는 못하지만 세상에서 가장 빠른 새가 된다면 다른 새들도 너를 존중할 거야."
작은 새는 엄마의 말을 가슴에 새기고 매일 열심히 뛰어 숲에서 가장 빠른 새가 되었고, 다른 동물로부터 새들을 지키는 숲속 지키미가 되었다.

(1) 작은 새는 다른 새들처럼 (하늘을 날고 , 용감한 새가 되고) 싶었다.
(2) 작은 새는 엄마의 말을 가슴에 새기고 매일 열심히 (뛰었다 , 날았다).
(3) 이 이야기의 글쓴이는 자신의 (장점 , 계획)을 살리는 것이 중요하다고 말하고 있다.

2 다음 이야기의 주제로 알맞은 것을 찾아 ○표 하세요.

옛날에 어느 마을에 게으름뱅이가 살았는데, 하루는 길에서 소머리 탈을 만드는 할아버지를 만났어요.
"일하기 싫어한 사람이 이걸 쓰면 좋은 일이 생기지."
게으름뱅이는 소머리 탈을 집더니 냉큼 뒤집어썼어요. 그러자 진짜 소가 되어 버렸어요. 소가 된 게으름뱅이는 새벽부터 밤까지 힘든 일을 해야 했어요. 갖은 고생을 한 게으름뱅이는 가까스로 다시 사람이 되어 집으로 돌아왔지요. 집으로 돌아온 게으름뱅이는 딴사람이 되어 부지런히 땀 흘려 일하며 행복하게 살았답니다.

일을 빨리하는 것보다 철저하게 하는 것이 더 낫다.	낯선 사람의 말을 경계하고 소신 있게 행동해야 한다.	게으름을 피우지 말고 부지런하게 살아야 한다.
( )	( )	( )

어느 날 나는 사랑하는 '카나리아' 페티가 죽어 있는 것을 발견했다. 나는 '안내를 부탁합니다'에게 전화를 걸어 슬픈 소식을 전해 주었다. 그녀는 내 말을 귀 기울여 듣고 어른이 아이를 달랠 때 하는 일반적인 이야기를 들려주었다. 하지만 별 위로가 되지 않았다. 나는 그녀에게 아름다운 노래를 불러 우리를 기쁘게 해 준 카나리아가 어느 날 갑자기 왜 날개를 펴덕이다 새장 바닥에 쓰러져 죽어야 하는지를 물었다.

그녀는 내가 깊이 상심한 것을 알고 다정히 말했다.
"물, 그 새가 노래 부를 또 다른 세상이 있다는 것을 항상 기억해라."
<중략>

십대가 되어서야 전화기의 작동 원리를 알게 되었다. '안내를 부탁합니다'는 점점 기억에서 희미했지만 완전히 사라질 수는 없었다. 어떤 것에 대해 의심이 들고 불확실할 때면 불현듯 '안내를 부탁합니다'가 생각났다. 내가 모르는 것은 무엇이든지 답을 해 주던 ⓐ요정이 존재할 때 느꼈던 안도감이 이제 아련한* 추억이 되었다. 새 전화국의 ⓑ안내 제도는 더는 질문에 답을 주지 않았다. 전화를 해서 안내를 찾으면 대개는 "미안하지만 우리는 그런 정보를 가지고 있지 않습니다."라고 대답했다. 나는 전 우드의 '안내를 부탁합니다'가 끝없이 질문을 던지는 꼬마에게 얼마나 큰 인내심과 이해심으로 친절하게 대답해 주었는지를 깨닫게 되자 가슴 벅찬 깊은 (㉠)을/를 느꼈다.

* 카나리아 새. 몸은 홍달새와 비슷한데 빨간색, 노란색, 흰색 따위가 있다. 우는 소리가 아름답다.
* 상심(슬플 傷 마음 心) 슬픔이나 걱정 따위로 속을 썩임
* 아련하다 똑똑히 분간하기 힘들게 아렴풋하다.

4 구조 읽기 빈칸에 알맞은 낱말을 써넣으며 내용을 정리해 보세요.

어린 시절	'나'는 혼자서 알아낼 수 없는 일이 생기면 항상 ○○○○ ○○○○○에게 전화를 걸어 해결함.
	㉠○○○○ 가 죽어서 깊이 상심 있음.

정답 및 해설 **11쪽**

7 생각과 판단

5 ㉠에 들어갈 낱말로 알맞은 것은 무엇인가요? ( )
① 감사 ② 아픔 ③ 설렘 ④ 희망 ⑤ 후회

6 이 이야기를 읽은 감상을 알맞게 말한 친구의 이름에 ○표 하세요.

미르   재경   은호

8 생각 펼치기

7 이 이야기의 '나'가 '안내를 부탁합니다'를 만난다면 어떤 말을 할지 상상하여 써 보세요.

'나'가 성장한 뒤에 '안내를 부탁합니다'에게 갖게 된 감정을 생각해 보아요!

---

1 회독

글의 내용을 파악하며 읽기

✦ 글의 특성에 따른 읽기 전략 제공
✦ 읽기 전략에 따라 교재의 본문에 메모하며 읽으세요.

2 회독

다시 한 번 꼼꼼하게 읽기

✦ 빠르게 읽기는 읽기 방법이 완성된 뒤에 해도 늦지 않아요.
✦ 내용 정리가 어려울 때는 다시 한 번 본문 내용을 메모하며 읽어요.

3 회독

자신만의 읽기 방법 만들기

✦ **정답 및 해설**의 읽기 예시와 내가 메모한 내용을 비교해 가며 자신만의 읽기 방법을 만들어요.

이 책의
차례

1 주차 에서 우리는

01 시의 주제

버선 깁는 할머니의
바늘귀 한 번 꿰워드리면
닦은 콩보다 더 고소-한
옛날 얘기가 하나.

＊ 닦은 콩.: 볶은 콩.

이 시의 주제는 무엇일까요?

할머니가 들려주는 재미있는 옛날이야기요.

할머니와 바늘귀요.

할머니 보고 싶다.

볶은 콩 고소하겠다!

글의 주제는 겉으로 드러나 있기도 하고 속에 감춰져 있기도 해요. 특히 시는 주제가 숨겨져 있어서 작품을 꼼꼼히 읽고 찾아 내야 하지요. 주제를 생각하며 시를 읽으면, 시의 한 구절 한 구절이 의미 있게 다가올 거예요.

✦시의 주제 시를 통해 전달하고자 하는 글쓴이의 중심 생각

✦시의 주제를 파악하는 방법

- 전체적인 시의 흐름과 분위기를 살펴봄.
- 시에 사용된 낱말의 함축적인 의미를 파악함.
- 말하는 이가 어떤 상황에 있는지, 그에 따른 감정은 어떠한지를 살펴봄.

확인 문제를 풀어 보며 개념을 익혀요.

1~2 **다음 시의 분위기로 알맞은 것에 ○표 하세요.**

1

활짝 장맛비 개었습니다
새빨간 봉숭아 눈부십니다
맴맴 매미들 울어댑니다

(1) 밝은 분위기　　(　　　　　)
(2) 우중충한 분위기　(　　　　　)

2

붉은 사과 한 개를
아버지, 어머니,
누나, 나, 넷이서
껍질째로 속까지
다-나눠 먹었소.

(1) 따뜻한 분위기　(　　　　　)
(2) 엄숙한 분위기　(　　　　　)

3~4 **다음 시의 일부분을 감상하고, 각 시의 주제를 찾아 선으로 이으세요.**

3

아씨처럼 나린다
보슬보슬 햇비
맞아 주자 다 같이
옷수숫대처럼 크게
닷 자 엿 자 자라게

• ① 친구들과의 헤어짐에 대한 아쉬움.

4

친구들과 힘차게 뛰놀다
운동장이 주황빛으로 물들면
헤어질 시간
"또 만나."
신나게 인사했지만
아쉬워 뒤 도니 친구 얼굴

• ② 햇비를 맞으며 밝게 자라는 아이들

정답　1(1)○　2(1)○　3②　4①

외톨이왕
글 임수현

가 보름달

1회독

- 중요한 시어에 ○
- 말하는 이의 마음이 드러난 부분에 [   ]

꽃을 생각하면 꽃이 나온다
모자를 생각하면 모자가
비둘기를 생각하면 비둘기가 나온다

엄마를 생각하면 엄마가
케이크를 생각하면 케이크가 나온다
식탁을 생각하면 식탁이
촛불을 생각하면 촛불이
웃는 엄마를 생각하면 웃는 엄마가
"이리 오렴, 귀 잘린 토끼야."
㉠둥근 식탁에 둘러앉아
입술 가득 생크림을 묻히고 냠냠

눈을 뜨지 않으면
아무것도
㉡아무도 사라지지 않는 생각을
하고 또 한다

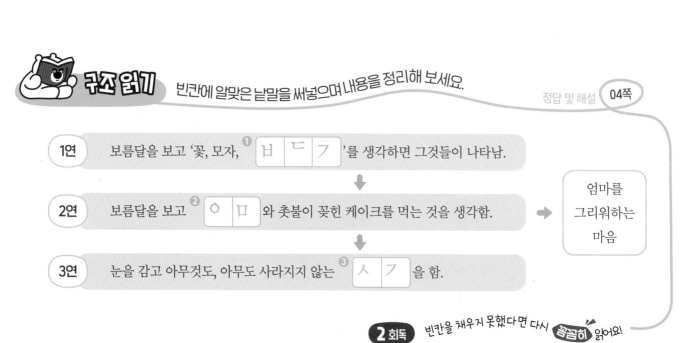

구조읽기 빈칸에 알맞은 낱말을 써넣으며 내용을 정리해 보세요.

정답 및 해설 04쪽

1연	보름달을 보고 '꽃, 모자, ❶ ㅂ ㄷ ㄱ '를 생각하면 그것들이 나타남.
2연	보름달을 보고 ❷ ㅇ ㅁ 와 촛불이 꽂힌 케이크를 먹는 것을 생각함.
3연	눈을 감고 아무것도, 아무도 사라지지 않는 ❸ ㅅ ㄱ 을 함.

➡ 엄마를 그리워하는 마음

2회독 빈칸을 채우지 못했다면 다시 꼼꼼히 읽어요!

나 눈 감아라

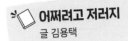
어쩌려고 저러지
글 김용택

보일러가 고장 났어요.

마당으로 뜨거운 물을 빼냈어요.

ⓒ언 땅에 김이 뭉게뭉게 났어요.

어디선가 할머니가 달려와서

허리를 굽히고

눈 감아라! 눈 감아라! 눈 감아라!

땅에 대고 눈을 감으라고 했어요.

보일러에서 뜨거운 물이 다 빠져나왔어요.

ⓔ할머니가 허리를 피며 일어섰어요.

할머니, 누구더러 눈 감으라고 했어요?

으응, 땅속의 벌레들에게.

왜요?

ⓜ으응, 갑자기 뜨거운 물이 들어가면

벌레들 눈이 멀까 봐서.

벌레들이 할머니 말을 알아들어요?

그럼, 알아듣고말고.

마당에 달빛이 가득 찼어요.

 **구조읽기** 빈칸에 알맞은 낱말을 써넣으며 내용을 정리해 보세요.

정답 및 해설 04쪽

❹ ㅂㅇㄹ 가
고장 나서 마당으로
뜨거운 물을 뺌.

→ 작은 생명에 대한
배려와 존중

할머니가 ❺ ㅂㄹ 들이
뜨거운 물 때문에 눈이 멀까 봐
눈을 감으라고 말함.

2 회독 빈칸을 채우지 못했다면 다시 꼼꼼히 읽어요!

1 시 🎼 에서 말하는 이가 생각하지 <u>않은</u> 것은 무엇인가요? (   )

① 식탁   ② 엄마
③ 촛불   ④ 케이크
⑤ 귀 잘린 토끼

2 시 🎵 에 나타난 상황으로 알맞은 것은 무엇인가요? (   )

① 고장 난 보일러에서 뜨거운 물을 빼내고 있다.
② 고장 난 보일러의 뜨거운 물이 다 빠져나오지 않고 있다.
③ 할머니가 땅 위로 올라온 벌레들이 다칠까 봐 걱정하고 있다.
④ 보일러의 물이 땅에 들어가서 벌레들이 땅 위로 올라오고 있다.
⑤ 땅속의 벌레들이 자신들을 구해 준 할머니에게 고마워하고 있다.

3 ㉠~㉤ 중 시 속 인물의 마음이 드러난 부분을 두 개 고르세요.

(,   )

① ㉠   ② ㉡   ③ ㉢   ④ ㉣   ⑤ ㉤

4 시 🎼 와 🎵 의 주제를 생각하며 빈칸에 알맞은 말을 쓰세요.

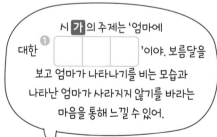

시 🎼 의 주제는 '엄마에 대한 ❶ [   ]'이야. 보름달을 보고 엄마가 나타나기를 비는 모습과 나타난 엄마가 사라지지 않기를 바라는 마음을 통해 느낄 수 있어.

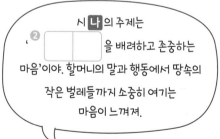

시 🎵 의 주제는 '❷ [   ]을 배려하고 존중하는 마음'이야. 할머니의 말과 행동에서 땅속의 작은 벌레들까지 소중히 여기는 마음이 느껴져.

5 시 가와 나에 대한 감상을 알맞게 말한 친구를 두 명 찾아 이름을 쓰세요.

> 수현: 시 가의 말하는 이가 기도하는 모습에서 부끄러움이 느껴져.
>
> 성주: 시 가의 말하는 이가 혼자서 원하는 걸 상상하는 모습이 외로워 보여.
>
> 달구: 시 나의 벌레들이 우왕좌왕하는 모습에서 정신없고 다급한 분위기가 느껴져.
>
> 지수: 시 나의 할머니가 벌레들한테 눈 감으라고 하는 모습에서 따뜻한 마음이 느껴져.

(,   )

6 시 나의 할머니와 다음 글의 농부들의 공통된 삶의 태도는 무엇인가요?

(   )

> 옛날 우리나라 농부들은 밭에 씨앗을 심을 때 꼭 세 알씩 심었어요. 한 알은 새가 먹고, 한 알은 벌레가 먹고, 나머지 한 알은 농부가 먹기 위한 것이었지요.

① 정직하고 성실한 태도
② 자연과 더불어 사는 태도
③ 가진 것에 감사할 줄 아는 태도
④ 옳고 그름을 가릴 줄 아는 태도
⑤ 자연을 거스르지 않고 적응하며 사는 태도

> 엄마나 할머니를 생각하면
> 떠오르는 경험이나
> 느낌을 시로 표현해 보아요!

7 '엄마나 할머니를 향한 마음'이라는 주제로 짧은 시를 쓰고, 제목도 지어 보세요.

제목

02 설명하는 글을 읽는 방법

설명하는 글은 어떤 지식이나 정보를 전달하는 것을 목적으로 하는 글이에요. 따라서 설명하는 대상이 무엇인지, 그 대상에 대해 어떤 정보를 알려 주는지 파악하며 읽어야 해요. 또한 글에 제시된 정보가 사실인지 등을 확인하며 읽는 것도 중요해요.

✦설명하는 글을 읽는 방법

- 설명하려는 대상이 무엇인지 생각하기
- 대상의 무엇을 설명하는지 파악하기
- 대상에 대해 이미 알고 있던 것을 떠올리기
- 대상에 대해 새롭게 알게 된 것을 파악하기

확인 문제를 풀어 보며 개념을 익혀요.

1~2 다음 중 설명하는 글에는 ○표, 아닌 것에는 ✕표 하세요.

1

조선 후기에는 사람들에게 이야기를 읽어 주는 전기수라는 직업이 있었어요. 전기수는 사람들이 많이 모이는 곳에 자리를 잡고 앉아 당시 유행하던 소설을 읽어 주었어요. 특히 흥미로운 대목에 이르면 읽기를 멈추고, 청중들이 돈을 던져 주기를 기다렸지요. 그리고 사람들이 돈을 던져 주면 다시 읽기를 계속했답니다.

(   )

2

조선 후기, 한양의 시끌벅적한 시장 한가운데, 한 남자가 자리를 잡고 앉아 힘찬 목소리로 영웅의 모험담이나 애절한 사랑 이야기를 들려 줍니다. 그러다 가장 재미있는 순간에 이야기를 딱 멈춥니다.

"아니, 다음 이야기는 대체 어떻게 되는 거지?"

사람들이 웅성거려도 그는 여유롭게 주변을 둘러보며 기다립니다. 그의 뜻을 아는 사람들은 미소를 지으며 주머니에서 돈을 꺼내 던집니다.

"빨리, 이야기를 들려 주시오."

동전 떨어지는 소리가 들리면 그는 다시 이야기를 이어 갑니다.

(   )

3 설명하는 글을 읽는 방법에 따라 다음 글을 읽어 보고, 물음에 답하세요.

초고층 빌딩은 보통 높이가 300미터 이상인 건물을 말한다. 이런 초고층 빌딩에는 여닫는 창문이 없다. 그 까닭은 강한 바람을 피하기 위해서이다. 바람은 높이가 높을수록 더 세지기 때문에 초고층 빌딩에서 창문을 열면 창문이 깨지고 물건이 날아다닐 수 있다. 그래서 초고층 빌딩의 환기는 공기 정화기를 이용해서 한다.

▲ 초고층 빌딩

이 글은 무엇을 설명하는가?	여닫는 창문이 없는 초고층 빌딩
이 글에서 설명하는 내용은 무엇인가?	초고층 빌딩의 ( ), 초고층 빌딩에 창문이 없는 ( ), 초고층 빌딩의 창문을 열었을 때 문제

놀이 기구에 숨어 있는 원리

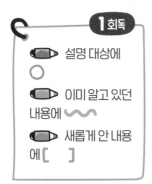

1회독

설명 대상에 ◯

이미 알고 있던 내용에 〜〜

새롭게 안 내용에 [　]

놀이공원에 가면 빠른 속도로 오르락내리락하고, 바람을 가르며 왔다 갔다 하는 다양한 놀이 기구가 있다. 우리는 이런 놀이 기구를 타며 스릴과 쾌감을 느낀다. 이렇게 우리에게 즐거움을 주는 놀이 기구의 모양과 움직임을 자세히 살펴보면 과학과 수학 원리를 발견할 수 있다.

🐾 롤러코스터에는 어떤 원리가 숨어 있을까?

놀이공원 하면 가장 먼저 떠오르는 놀이 기구는 '롤러코스터'이다. 바람을 가르며 가파르고 높은 경사면을 올라갔다가 뒤집어졌다가 빙글빙글 돌기도 하는 롤러코스터에는 과학과 수학 원리가 숨어 있다.

롤러코스터를 탈 때 거꾸로 매달려 있어도 떨어지지 않는 게 신기하다고 생각한 적이 있을 것이다. 롤러코스터가 거꾸로 매달려도 떨어지지 않는 이유는 물체가 밖으로 나가려고 하는 힘인 ㉠'**원심력**˚'과 물체를 안쪽으로 끌어당기려는 힘인 ㉡'**구심력**˚' 그리고 지구가 물체를 끌어당기는 힘인 ㉢'중력'이 함께 작용하기 때문이다. 물체가 빠르게 달리면 밖으로 나가려고 하는 힘과 안으로 끌어당기는 힘이 같아져서 물체가 떨어지지 않는 것이다.

▲ 원심력, 구심력, 중력의 작용으로 움직이는 롤러코스터

롤러코스터는 높은 곳을 오르내리기도 하지만 꽈배기처럼 꼬인 레일을 따라 돌기도 한다. 이렇게 꼬인 레일에 수학적 원리가 숨어 있다. 바로 '뫼비우스의 띠'를 응용한 것이다. '뫼비우스의 띠'는 안과 밖을 구분할 수 없는 띠이다. 좁고 긴 직사각형 종이를 한 번 꼬아서 끝을 붙이면 뫼비우스의 띠가 만들어진다. 그것은 안쪽과 바깥쪽의 구분이 없고, 한 면을 계속 따라가다 보면 원래 출발점으로 돌아온다. 이런 원리를 응용해 롤러코스터를 만들었기 때문에 열차가 레일의 안쪽과 바깥쪽을 넘나들며 움직일 수 있는 것이다.

▲ 뫼비우스의 띠를 응용한 롤러코스터의 모양

- **원심력**(遠 멀 원, 心 마음 심, 力 힘 력) 물체가 원운동을 할 때 중심에서 밖으로 나가려는 힘.

- **구심력**(求 구할 구, 心 마음 심, 力 힘 력) 물체가 원운동을 할 수 있게 중심쪽으로 당겨 주는 힘.

🐾 스릴 만점 바이킹에는 어떤 원리가 숨어 있을까?

놀이 기구 중 사람들이 가장 무서워하면서도 가장 많이 타는 놀이 기구는 '바이킹'이다. 바이킹은 높은 지지대에 매달린 배가 양쪽으로 왔다 갔다 하는 놀이 기구이다. 그렇다면 바이킹은 어떻게 같은 구간을 왔다 갔다 할 수 있을까? 그

것은 바이킹이 시계추나 그네처럼 같은 구간을 왕복하는 ㉣<u>진자 운동</u>*을 하기 때문이다. 물론 진자 운동을 시작할 때는 기계적인 힘이 필요하다. 그네를 탈 때 처음에 발을 굴려야 그네가 움직이는 것처럼, 바이킹도 배 밑에 연결된 롤러가 배 밑부분을 밀어 주어야 움직인다. 하지만 그네가 어느 정도 높이까지 올라가면 발을 구르지 않아도 움직이는 것처럼, 바이킹도 어느 정도 높이까지 올라가면 롤러가 밀어 주지 않아도 같은 구간을 왔다 갔다 한다.

바이킹을 탈 때 한쪽 뱃머리가 하늘 높이 올라갔다가 다시 반대편 하늘로 치솟는 모습을 보면 한쪽으로 넘어지지 않을까 걱정된 적이 있을 것이다. 하지만 그런 걱정은 하지 않아도 된다. 바이킹에는 배가 한쪽으로 넘어지지 않도록 하는 수학적 원리가 숨어 있기 때문이다. 바로 배가 매달린 지지대이다. 바이킹의 지지대는 삼각형 모양으로 설계되어 있는데, 삼각형은 세 변이 서로 연결되어 매우 안정적인 형태이다. 이 삼각형 구조가 바이킹이 좌우로 움직일 때 균형을 잡아 주어 안정성을 보장한다.

이처럼 놀이 기구에는 다양한 과학과 수학 원리가 숨어 있고, 그 덕분에 놀이 기구를 안전하게 즐길 수 있다.

▲ 진자 운동을 하는 바이킹

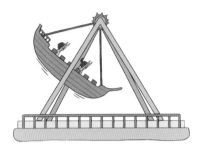

▲ 삼각형 지지대가 균형을 잡아 주는 바이킹

● **진자 운동**(振 떨칠 진, 子 아들 자, 運 옮길 운, 動 움직일 동) 고정된 한 점을 중심으로 일정한 주기로 진동하는 운동.

구조읽기 빈칸에 알맞은 낱말을 써넣으며 내용을 정리해 보세요.

정답 및 해설 06쪽

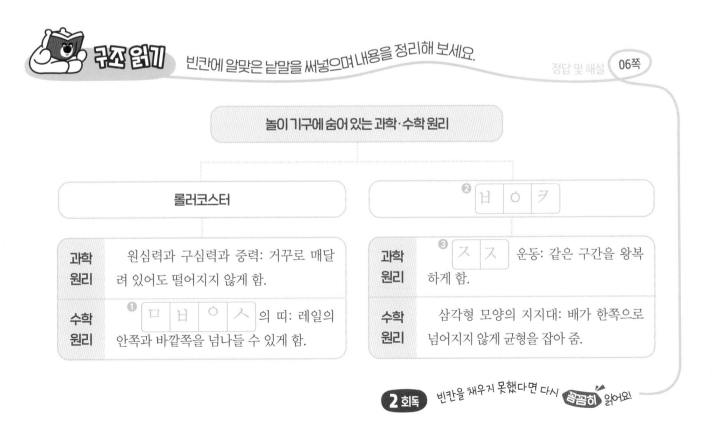

놀이 기구에 숨어 있는 과학·수학 원리

롤러코스터	② ㅂ ㅇ ㅋ
과학 원리 원심력과 구심력과 중력: 거꾸로 매달려 있어도 떨어지지 않게 함.	**과학 원리** ③ ㅈ ㅈ 운동: 같은 구간을 왕복하게 함.
수학 원리 ❶ ㅁ ㅂ ㅇ ㅅ 의 띠: 레일의 안쪽과 바깥쪽을 넘나들 수 있게 함.	**수학 원리** 삼각형 모양의 지지대: 배가 한쪽으로 넘어지지 않게 균형을 잡아 줌.

2회독 빈칸을 채우지 못했다면 다시 꼼꼼히 읽어요!

1 다음 빈칸에 알맞은 말을 넣어 이 글의 주제를 정리하세요.

> 롤러코스터, 바이킹과 같은 [ ][ ][ ]에 숨어 있는 과학과 수학 원리

2 이 글의 내용과 일치하는 것을 찾아 번호를 쓰세요.

(1) 바이킹은 원심력의 작용으로 롤러가 배 밑을 밀어 움직인다.

(2) 롤러코스터에는 원심력, 구심력과 중력의 원리와 뫼비우스의 띠 원리가 적용되었다.

(3) 롤러코스터 열차가 거꾸로 매달려도 떨어지지 않는 까닭은 진자 운동 때문이다.

(   )

3 ㉠~㉣의 낱말의 뜻으로 알맞은 것을 두 가지 찾아 ○표 하세요.

(1) ㉠: 물체가 원운동을 할 수 있게 중심쪽으로 당겨 주는 힘. (   )

(2) ㉡: 물체가 원운동을 할 때 중심에서 밖으로 나가려는 힘. (   )

(3) ㉢: 지구가 물체를 끌어당기는 힘. (   )

(4) ㉣: 고정된 한 점을 중심으로 일정한 주기로 진동하는 운동. (   )

4 이 글을 읽는 방법으로 알맞지 <u>않은</u> 것은 무엇인가요? (   )

① 놀이 기구의 무엇에 대해 설명하는 글인지 파악하며 읽는다.

② 롤러코스터에 담긴 원리 중 새롭게 알게 된 내용을 정리하며 읽는다.

③ 놀이 기구에 숨어 있는 원리 중에 이미 알았던 것을 파악하며 읽는다.

④ 바이킹의 삼각형 구조가 필요하다고 주장하는 까닭이 알맞은지 생각하며 읽는다.

⑤ 내가 알던 뫼비우스의 띠가 놀이 기구에 어떻게 적용되어 있는지 생각하며 읽는다.

5 다음 내용을 참고하여, 이 글의 바이킹에 대해 이해한 내용으로 알맞지 <u>않은</u> 것은 무엇인가요? ( )

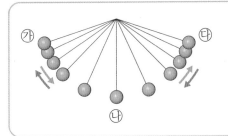

고정된 한 점을 중심으로 시계추처럼 같은 구간을 왕복하는 진자 운동을 할 때, 진자의 속력은 가운데로 갈수록 빨라지고 양끝으로 갈수록 느려진다.

① 바이킹은 배 모양을 한 진자라고 할 수 있다.

② 바이킹은 고정된 한 점을 중심으로 상하좌우로 움직인다.

③ 바이킹의 속력이 가장 빠를 때는 배가 중앙에 왔을 때이다.

④ 바이킹의 속력이 가장 느릴 때는 배가 높이 올라갔을 때이다.

⑤ 바이킹은 시계추처럼 같은 구간을 왔다 갔다 하는 진자 운동을 한다.

6 이 글을 읽고, 알맞게 반응한 친구의 이름을 쓰세요.

| 은실: 놀이 기구를 탈 때는 놀이 기구의 안전 장치가 잘 작동하는지 살펴보고 타야 할 것 같아. | 두준: 놀이 기구에 수학·과학 원리가 적용되어 있다는 것을 알고 나니 수학과 과학이 가깝게 느껴져. | 이안: 롤러코스터보다 바이킹에 수학·과학 원리가 더 많이 숨어 있어서, 바이킹이 더 재미있는 거구나. |

( )

놀이 기구에 적용된 수학과 과학 원리 중에 알고 있었던 것이 있는지 떠올려 봐요. 그리고 몰랐는데 새롭게 알게 된 정보도 생각해 봐요!

7 이 글의 내용 중 이미 알고 있던 내용과 새롭게 안 내용을 정리해 보세요.

이미 알고 있던 내용	
새롭게 안 내용	

03 표준어와 방언

표준어와 방언을 어떻게 사용하느냐에 따라 글의 목적과 의미, 그리고 분위기가 달라질 수 있어요. 표준어와 방언의 의미와 쓰임, 그리고 만들어진 이유와 가치를 이해하면 글을 읽을 때 도움이 될 거예요.

✦표준어
- 의사소통을 쉽게 하기 위하여 전 국민이 공통적으로 쓰는 말
- 공식적인 자리에서는 표준어를 사용함.
- 표준어는 모든 사람이 이해하기 쉬워 지식이나 정보를 전달하기에 적합함.

✦방언
- 전 지역에서 두루 쓰이지 않고 어떤 지역이나 지방에서만 쓰는 말
- 방언은 같은 지역 사람들끼리 친밀감과 유대감을 느낄 수 있게 해 줌.
- 방언은 우리말의 옛 모습을 알 수 있게 해 주고, 표현력을 풍부하게 만들어 줌.

확인 문제를 풀어 보며 개념을 익혀요.

1~4 **표준어의 특징에는 '표', 방언의 특징에는 '방'이라고 쓰세요.**

1 각 지역의 특색이 잘 드러난다.

( )

2 지식이나 정보를 전달하기 좋다.

( )

3 우리말의 옛 모습을 알 수 있게 해 준다.

( )

4 격식을 차려야 하는 공식적인 자리에서 사용한다.

( )

5 **다음 글을 읽고, 글에서 방언을 사용할 때 얻을 수 있는 효과에 ○표 하세요.**

> 어쩌다 동네를 돌아다니면 동네 어른들이 꼭 한마디 하신다.
> "너 얼른 결혼해야제?"
> 그러면 나는 천연덕스레 웃으며 대답한다.
> "염려 마셔유. 갈 때 되면 어련히 갈라구요!"

(1) 이야기를 정확하게 전달할 수 있다. ( )

(2) 말맛을 살려 실감나게 표현할 수 있다. ( )

(3) 지역과 관계없이 쉽게 이해할 수 있다. ( )

표준어와 방언

1회독

- 🖊 설명 대상에 ○
- 🖊 표준어의 가치가 드러난 부분에 〰
- 🖊 방언의 가치가 드러난 부분에 [   ]

1 우리말에는 한 나라에서 공용어로 쓰는 표준어와 어느 한 지역이나 지방에서만 쓰는 말인 방언이 있다. 우리나라에서는 '교양이 있는 사람들이 두루 쓰는 현대 서울말'을 표준어로 삼고 있다. 우리나라 표준어를 서울말로 정한 이유는 서울이 교육, 정치, 문화의 중심지이면서 수도이기 때문이다. 우리나라 외에도 영국, 프랑스, 일본 등이 각 수도의 말인 런던어, 파리어, 도쿄어를 표준어로 삼고 있다. 표준어를 정하는 이유는 말하는 사람이나 지역과 관계없이 의사소통이 잘 이루어지기 때문이다. 하지만 우리나라 말에 표준어만 있는 것은 아니다. 강원도, 충청도, 전라도, 경상도, 제주도 등의 지역에서 쓰는 말인 방언도 있다. 방언을 사용해도 서로 의사소통은 가능하지만 특정 어휘를 이해하지 못하여 오해가 생길 수 있다.

2 그렇다면 지방마다 다른 언어인 방언이 생긴 이유는 무엇일까? 오늘날에는 교통과 통신이 발달하고 길도 많아져서 먼 지역이어도 **왕래**˚가 가능하고 쉽게 소통할 수 있다. 하지만 옛날에는 산이나 강으로 가로막혀 지금처럼 왕래가 쉽지 않았고, 태어나서 죽을 때까지 태어난 고향을 떠나지 않는 사람들도 많았다. 이렇게 사람들이 다른 지역과 떨어져서 오래 살다 보니 그 지역에서만 독특하게 사용하는 말이 생겨나고 발전하였다. 수도와의 거리가 멀수록 방언의 차이도 크게 나타난다. 할아버지를 예로 들면 충청도에서는 '할아부지, 할부지', 강원도와 경상도에서는 '할배', 전라도에서는 '할압씨, 한압씨', 제주도에서는 '하르방'이라고 쓴다. 대체로 표준어를 쓰는 서울과 거리가 멀수록 차이가 많이 나는 것을 볼 수 있다.

3 최근에는 미디어의 발달로 표준어 사용이 확산되어 방언 사용이 점점 줄고 있다. 그리고 서울 중심의 사회가 되면서 방언을 사용하는 것이 촌스럽다고 인식하는 사람들도 있다. 하지만 방언은 여러 가치를 지닌 말이다. ㉠방언은 그 지역의 역사, 문화, 가치관을 담은 소중한 문화유산이다. 방언이 사라지면 우리의 문화와 정서도 함께 사라질 위험이 있다. 또한 ㉡방언은 우리말의 옛 모습을 많이 간직하고 있어서 우리말의 역사를 연구하는데도 귀한 자료가 된다. 말로 전해지는 전설 같은 **구비문학**˚이나 **민요**˚는 방언으로 표현되어 있어서 방언을 모르면 이해하기 어렵다. 또한, ㉢방언은 같은 지역 사람들끼리의 친밀감과 유

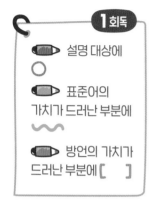

- **왕래**(往 갈 왕, 來 올 래) 가고 오고 함.
- **구비문학**(口 입 구, 碑 비석 비, 文 글월 문, 學 배울 학) 입에서 입으로 전하여 오는 문학. 설화, 민요, 무가, 판소리, 민속극 따위가 있다.
- **민요**(民 백성 민, 謠 노래 요) 예로부터 민중 사이에 불리어 오던 전통적인 노래를 통틀어 이르는 말.

대감을 느끼게 해 준다. 우리가 해외에서 우리말을 사용하는 사람을 만나면 반
갑듯이 방언도 특정 지역에 대하여 이런 감정을 느끼게 해 준다.

4 표준어와 방언은 서로 대립되는 것이 아니라, 서로를 보완하고 풍요롭게 하
는 관계이다. 표준어가 언어 생활의 중심 기둥이라면, 방언은 그 기둥에 꽃을 피
우고 열매를 맺는 역할을 한다. 우리의 언어 생활을 더 풍요롭게 하기 위해서는
표준어와 방언을 모두 존중하고 지켜 나가는 것이 중요할 것이다.

 **구조읽기** 빈칸에 알맞은 낱말을 써넣으며 내용을 정리해 보세요.

정답 및 해설 08쪽

표준어와 방언의 의미	우리말에는 공용어로 쓰는 표준어와 지역마다 다른 ❶ ㅂㅇ 이 있음.
방언이 생긴 이유	옛날에는 지금처럼 ❷ ㅇㄹ 가 쉽지 않았기 때문에 방언이 생김.
방언의 가치	방언은 소중한 문화유산이고, 우리말의 역사를 연구하는 귀한 자료이며, 지역 사람들끼리 친밀감을 느끼게 하는 ❸ ㄱㅊ 를 지님.
표준어와 방언의 관계	❹ ㅍㅈㅇ 와 방언은 서로를 보완하고 풍요롭게 하는 관계임.

2 회독 빈칸을 채우지 못했다면 다시 **꼼꼼히** 읽어요!

1 ㉮~㉰를 표준어와 방언에 대한 설명으로 나누어 기호를 쓰세요.

> ㉮ 공용어로 사용하는 우리말이다.
> ㉯ 어느 한 지역이나 지방에서만 쓰는 말이다.
> ㉰ 지역에 관계없이 의사소통이 잘 이루어지는 말이다.
> ㉱ 특정 어휘를 이해하지 못하면 오해가 생길 수도 있는 말이다.

• 표준어: (   )   • 방언: (   )

2 이 글의 내용과 일치하지 <u>않는</u> 것은 무엇인가요?   (   )

① 우리말에는 표준어와 방언이 있다.
② 최근에는 미디어의 발달로 방언의 사용이 점점 줄고 있다.
③ 방언이 사라지면 우리의 문화와 정서도 함께 사라질 수 있다.
④ 서울 중심의 사회가 되면서 방언을 촌스럽다고 인식하는 사람들도 있다.
⑤ 방언은 그 말을 사용하는 사람이 적을수록 표준어와 비슷한 경향이 있다.

3 다음은 전라도 지역에 전해져 오는 민요예요. 이 글을 참고하여 다음 민요를 감상한 내용으로 알맞지 <u>않은</u> 것은 무엇인가요?   (   )

어디만큼강가

① 같은 지역의 사람들끼리 친밀감을 주는 노래였을 거야.
② 이 노래를 부르면서 사람들끼리 유대감이 생겼을 거야.
③ 방언을 모르는 사람은 이 노래를 부른 지역을 알 수 없겠어.
④ 이 노래는 그 지역의 문화를 담은 문화유산이라고 볼 수 있어.
⑤ 표준어를 사용하는 사람은 '강가'의 뜻을 찾아보는 것이 좋겠어.

4 이 글을 읽고 감상문을 작성하려고 해요. 감상문에 들어갈 수 <u>없는</u> 것은 무엇인가요? (   )

① 방언의 가치
② 방언이 생긴 이유
③ 표준어와 방언의 관계
④ 표준어를 정하는 이유
⑤ 방언을 사용하지 않는 곳이 생긴 이유

5 ㉠~㉢ 중 다음 내용과 관련 있는 것을 골라 기호를 쓰세요.

> 방언은 과거 국어의 흔적을 발견할 수 있다는 데서 가치를 지닌다. 가령 '아'와 '오'의 중간 형태로 발음되던 아래 아(·) 모음은 다른 지역에서는 18세기 이후에 사라졌지만, 제주 방언에서는 여전히 '아'와 '오'의 중간 형태로 발음된다. '어서 오세요'라는 뜻의 '혼저 옵서예'가 아와 오의 중간 형태로 발음되는 것에서 확인할 수 있다.

(   )

방언이 있으면 어떤 점이 좋은지 생각해 보아요!

6 자신이 생각하는 방언의 가장 중요한 가치 한 가지를 써 보세요.

_____

_____

_____

04 이야기의 주제

이야기의 주제는 인물의 말과 행동을 통해 전달되어요. 글쓴이는 자신이 추구하는 가치나 이야기하고자 하는 바를 인물의 말과 행동에 녹이지요. 그래서 등장인물의 말과 행동을 잘 살펴보면 이야기의 주제를 파악할 수 있어요.

↪ **주제** 글쓴이가 말하고자 하는 중심 생각

　예 『흥부전』의 주제: 착한 일을 하면 복을 받고, 나쁜 일을 하면 벌을 받는다.

↪ **이야기의 주제를 파악하는 방법**

・ 이야기에서 말하는 이를 찾고, 말하는 이가 하는 말과 행동 살펴보기

・ 소재가 이야기에서 어떤 기능을 하는지 파악하기

 확인 문제를 풀어 보며 개념을 익혀요.

1 다음 이야기를 읽고, 괄호에 들어갈 알맞은 말을 찾아 ○표 하세요.

> "엄마, 난 왜 다른 친구들처럼 날 수 없을까요?"
> 작은 새가 하늘을 나는 다른 새들을 부러워하자 어미새가 말했다.
> "우리는 하늘을 날지는 못하지만, 땅 위에서 가장 빨리 달릴 수 있단다."
> "그래도 날지는 못하잖아요."
> "날지는 못하지만 세상에서 가장 빠른 새가 된다면 다른 새들도 너를 존중할 거야."
> 작은 새는 엄마의 말을 가슴에 새기고 매일 열심히 뛰어 숲에서 가장 빠른 새가 되었고, 다른 동물로부터 새들을 지키는 숲속 지키미가 되었다.

(1) 작은 새는 다른 새들처럼 (하늘을 날고 , 용감한 새가 되고) 싶었다.

(2) 작은 새는 엄마의 말을 가슴에 새기고 매일 열심히 (뛰었다 , 날았다).

(3) 이 이야기의 글쓴이는 자신의 (장점 , 계획)을 살리는 것이 중요하다고 말하고 있다.

2 다음 이야기의 주제로 알맞은 것을 찾아 ○표 하세요.

> 옛날에 어느 마을에 게으름뱅이가 살았는데, 하루는 길에서 소머리 탈을 만드는 할아버지를 만났어요.
> "일하기 싫어하는 사람이 이걸 쓰면 좋은 일이 생기지."
> 게으름뱅이는 소머리 탈을 집더니 냉큼 뒤집어썼어요. 그러자 진짜 소가 되어 버렸어요. 소가 된 게으름뱅이는 새벽부터 밤까지 힘든 일을 해야 했어요. 갖은 고생을 한 게으름뱅이는 가까스로 다시 사람이 되어 집으로 돌아왔지요.
> 집으로 돌아온 게으름뱅이는 딴사람이 되어 부지런히 땀 흘려 일하며 행복하게 살았답니다.

일을 빨리하는 것보다 철저하게 하는 것이 더 낫다.	낯선 사람의 말을 경계하고 소신 있게 행동해야 한다.	게으름을 피우지 말고 부지런하게 살아야 한다.
( )	( )	( )

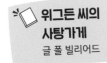

위그든 씨의
사탕가게
글 폴 빌리어드

안내를 부탁합니다

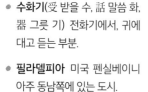

1회독

🔖 중심 글감에 ⭘

🔖 주제가 드러난
부분에 〰️

🔖 '나'의 감정이
드러난 부분에 [　　]

"안내를 부탁합니다."

한두 번 찰칵하는 연결음이 나더니 작지만 분명한 목소리가 들렸다.

"㉠안내입니다."

"손가락을 다쳤어요. 아파요. 엉엉."

이제 누군가가 듣는다는 것을 알게 되자 눈물이 줄줄 흘러내렸다. **수화기**에서 ㉡여성의 목소리가 물었다.

"집에 엄마 안 계시니?"

나는 훌쩍거리며 대답했다.

"나 말고는 아무도 없어요."

"피가 나니?"

"아니요. 망치로 손가락을 쳤는데, 그냥 아파요."

그녀가 물었다.

"냉장고를 열 수 있니?"

내가 할 수 있다고 하자, 그녀가 말했다.

"위칸에 있는 냉동실에서 얼음 조각 몇 개를 꺼내 손가락에 대고 있으면 아프지 않을 거야. 울지 말고. 곧 괜찮아질 거야."

그녀의 말대로 했더니 정말 아프지 않았다. 이렇게 하여 나는 '안내를 부탁합니다'를 존경하게 되었다. 그 후 내가 혼자서 알아낼 수 없는 일이 생기면 항상 그녀에게 전화를 걸었다. 그녀는 ㉢만능 해결사였다. 무엇이든 모르는 것이 없었다. 항상 인내심과 이해심을 가지고 내 질문에 대답해 주었다. 나는 그녀에게 지리에 대해 물었다. 그녀는 **필라델피아**가 어디에 있는지, 내가 나중에 탐험을 하고 싶은 아름다운 **오리노코강**이 어디에 있는지도 알려 주었다. 그녀는 철자법도 가르쳐 주고, 우리 집 고양이가 석탄을 담는 큰 통 안에서 새끼를 낳았을 때는 며칠 동안 가까이 가지 말라는 말도 일러 주었다. 그녀는 내가 레버나 공원에서 잡은 다람쥐에게는 땅콩이나 밤 등 견과를 먹이라고 했다.

● **수화기**(受 받을 수, 話 말씀 화, 器 그릇 기) 전화기에서, 귀에 대고 듣는 부분.

● **필라델피아** 미국 펜실베이니아주 동남쪽에 있는 도시.

● **오리노코강** 남아메리카 북부를 흐르는 강.

어느 날 나는 사랑하는 **카나리아** 패티가 죽어 있는 것을 발견했다. 나는 '안내를 부탁합니다'에게 전화를 걸어 슬픈 소식을 전해 주었다. 그녀는 내 말을 귀 기울여 듣고 어른이 아이를 달랠 때 하는 일반적인 이야기를 들려주었다. 하지만 별 위로가 되지 않았다. 나는 그녀에게 아름다운 노래를 불러 우리를 기쁘게 해 준 카나리아가 어느 날 갑자기 왜 날개를 퍼덕이다 새장 바닥에 쓰러져 죽어야 하는지를 물었다.

그녀는 내가 깊이 **상심**한 것을 알고 다정히 말했다.

"폴, 그 새가 노래 부를 또 다른 세상이 있다는 것을 항상 기억해라."

<중략>

십대가 되어서야 전화기의 작동 원리를 알게 되었다. '안내를 부탁합니다'는 점점 기억에서 희미했지만 완전히 사라질 수는 없었다. 어떤 것에 대해 의심이 들고 불확실할 때면 불현듯 '안내를 부탁합니다'가 생각났다. 내가 모르는 것은 무엇이든지 답을 해 주던 ㉣요정이 존재할 때 느꼈던 안도감이 이제 **아련한** 추억이 되었다. 새 전화국의 ㉤안내 제도는 더는 질문에 답을 해 주지 않았다. 전화를 해서 안내를 찾으면 대개는 "미안하지만 우리는 그런 정보를 가지고 있지 않습니다."라고 대답했다. 나는 캔 우드의 '안내를 부탁합니다'가 끝없이 질문을 던지는 꼬마에게 얼마나 큰 인내심과 이해심으로 친절하게 대답해 주었는지를 깨닫게 되자 가슴 벅찬 깊은 (㉮)을/를 느꼈다.

- **카나리아** 새. 몸은 종달새와 비슷한데 빨간색, 노란색, 흰색 따위가 있다. 우는 소리가 아름답다.
- **상심**(傷 다칠 상, 心 마음 심) 슬픔이나 걱정 따위로 속을 썩임.
- **아련하다** 똑똑히 분간하기 힘들게 아렴풋하다.

 **구조 읽기** 빈칸에 알맞은 낱말을 써넣으며 내용을 정리해 보세요.

정답 및 해설 10쪽

| 어린 시절 | ❶ '나'는 혼자서 알아낼 수 없는 일이 생기면 항상 'ㅇㄴㄹ ㅂㅌㅎㄴㄷ'에게 전화를 걸어 해결함. |
| | ❷ ㅋㄴㄹㅇ 가 죽어서 깊이 상심해 있던 어느 날에는 그녀가 '나'를 다정하게 위로해 줌. |

↓

| 십대 시절 | ❸ ㅈㅎㄱ 의 작용 원리를 알게 된 후, 어린 시절 그녀가 큰 인내심과 이해심으로 친절하게 대답해 주었음을 깨달음. |

2 회독 빈칸을 채우지 못했다면 다시 **꼼꼼히** 읽어요!

1 ⊙~⊙ 중 가리키는 대상이 <u>다른</u> 것을 찾아 기호를 쓰세요.

(   )

2 이 이야기에 나오는 소재의 의미로 알맞지 <u>않은</u> 것은 무엇인가요? (   )

① 수화기: 그녀와 '나'를 연결해 주는 도구이다.

② 고양이: 그녀가 땅콩이나 밤 등 견과를 먹이라고 한 대상이다.

③ 새 전화국: 십대가 된 이후 그녀에 대한 감사함을 떠올리게 한 곳이다.

④ 카나리아: '나'가 키우던 새로, 그녀의 다정함을 느끼게 해 준 대상이다.

⑤ 얼음 조각 몇 개: '나'가 아픈 것을 낫게 해 준 것으로, '나'가 그녀를 존경하 게 되는 이유가 된다.

3 이 이야기의 주제를 이해하기 위하여 인물의 관계를 정리한 것이에요. 빈칸에 들어 갈 알맞은 말을 찾아 각각 두 글자로 쓰세요.

어려운 일이 생기면 ❶ (   )를 걸어 도움을 받으며, 그녀를 존경하게 되었다.

'나'의 수많은 질문에 친절하게 응대해 주고, 깊이 ❷ (   )했을 때 다정히 위로해 주었다.

나

안내를 부탁합니다

4 이 이야기의 주제로 알맞은 것은 무엇인가요? (   )

① 전화 안내원이 가져야 하는 인내심

② 호기심 많고 순수한 '나'의 어린 시절 모습

③ 어린 시절 전화국의 안내 제도가 좋았던 까닭

④ 어린아이의 순수함을 간직한 어른의 아름다운 모습

⑤ 어린아이의 순수함을 존중하고 배려하는 어른의 이해심

5 ⓘ에 들어갈 낱말로 알맞은 것은 무엇인가요? (   )

① 감사   ② 아픔   ③ 설렘   ④ 희망   ⑤ 후회

6 이 이야기를 읽은 감상을 알맞게 말한 친구의 이름에 ○표 하세요.

'나'와 '안내를 부탁합니다'는 한 번도 본 적 없지만 서로에 대한 믿음이 있고, 서로를 존경하는 관계가 형성된 것 같아.

미르

'안내를 부탁합니다'가 젊을 때 만난 순수한 어린아이를 생각하며 쓴 이야기로, 사람과 사람 사이에 가져야 할 바른 태도가 무엇인지를 생각하게 해 주었어.

재경

'나'가 전화를 걸때만 해도 걱정이 많았을텐데 '안내를 부탁합니다'와 통화를 하면 걱정이 사라지고 안도감이 들고 든든했을 것 같아.

은호

'나'가 성장한 뒤에 '안내를 부탁합니다'에게 갖게 된 감정을 생각해 보아요!

7 이 이야기의 '나'가 '안내를 부탁합니다'를 만난다면 어떤 말을 할지 상상하여 써 보세요.

_____

_____

_____

05 주장하는 글을 읽는 방법

 개념 사전

　주장하는 글은 어떤 문제 상황이 있을 때, 그 문제에 대한 자신의 주장을 상대방에게 설득하는 글이에요. 그래서 주장하는 글을 읽을 때에는 주장이 문제 상황과 관련 있는지, 그 주장을 뒷받침하는 근거가 타당한지 살펴봐야 해요.

✦ 주장하는 글을 읽는 방법

- 문제 상황과 그에 대한 글쓴이의 주장 파악하기
- 주장을 뒷받침하는 근거를 찾고, 그 근거가 타당한지 생각해 보기
- 자신의 생각과 비교해 비판하는 태도로 읽기

확인 문제를 풀어 보며 개념을 익혀요.

1~3 다음 주장을 뒷받침해 줄 근거를 찾아 선으로 이으세요.

1 학교 점심시간을 조정해야 한다. • 　• ① 줄이 길어서 시간 낭비가 심하다.

2 교실에 쓰레기 분리 수거함을 설치해야 한다. • 　• ② 청소년은 다른 사람을 배려하고 나누는 정신을 배워야 한다.

3 모든 학생이 봉사활동에 참여해야 한다. • 　• ③ 쓰레기통이 하나여서 분리배출이 이루어지지 않고 있다.

4 주장하는 글을 읽는 방법에 따라 다음 글을 읽고, 빈칸에 알맞은 말을 써넣으세요.

요즘 지하철역, 횡단보도 등에서 휴대전화를 보며 걷는 사람이 많다. 그런데 휴대전화를 보며 걸어 다니면 안 된다. 왜냐하면 길을 지나는 다른 사람이나 사물과 부딪히는 등 사고가 날 수 있기 때문이다. 실제 교통 기후 환경 연구소 연구에 따르면 휴대전화 사용 시 거리 감각은 평소보다 40~50% 떨어지고, 시야 폭은 56% 좁아진다고 한다.

문제 상황은 무엇인가?	휴대전화를 보며 걷는 사람이 많다.
글쓴이의 주장은 무엇인가?	휴대전화를 보며 걸어 다니면 안 된다.
주장을 뒷받침하는 근거는 무엇인가?	(　　　　　　)가 날 수 있다.

정답 1① 2③ 3② 4사고 　　　　　　05. 주장하는 글을 읽는 방법 **35**

소리 없는 「4분 33초」는 음악일까?

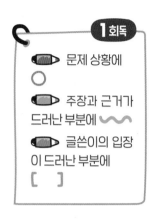

1회독

- 문제 상황에

- 주장과 근거가
드러난 부분에 ~~~

- 글쓴이의 입장
이 드러난 부분에
[   ]

1952년 미국의 한 공연장에서 연주자가 무대 위 피아노 앞에 앉아 악보를 올려놓고 피아노 뚜껑을 열었다. 청중들은 곧 이어질 음악 연주를 기다렸다. 그런데 그는 한 음도 연주하지 않고, 4분 33초 동안 가만히 앉아 있다가 뚜껑을 닫고 퇴장했다. 4분 33초 동안 연주자는 1초도 연주하지 않았다. 그러나 아무 소리도 없었던 것은 아니다. 관객들의 헛기침 소리, 책자를 만지는 소리, 의자를 끄는 소리, 웅성거리는 소리, 바람 소리 등이 들려왔다. 무대 위 연주자의 연주가 아닌 객석에서 나는 각종 소리가 연주였던 것이다. 이것은 존 케이지가 작곡한 「4분 33초」의 초연 장면이다.

「4분 33초」는 발표되자마자 엄청난 논란을 일으켰다. 연주 당시 많은 청중들이 **당혹감**˚을 감추지 못했고, 연주자가 악기를 연주하지 않는 이 곡을 음악으로 인정할 수 있는지에 대해 의문을 제기했다. 그러나 일부 사람들은 이 작품이 음악에 대한 새로운 질문을 던졌으며, 연주 없이도 음악적 경험이 가능하다는 것을 보여 주었다고 평가했다. 그렇다면 「4분 33초」는 음악일까?

나는 「4분 33초」가 음악이라고 생각한다. 왜냐하면 음악은 사람의 사상이나 감정을 표현하는 예술인데, 「4분 33초」는 '우연히 발생하는 모든 소리가 음악'이라는 존 케이지의 생각을 잘 표현해 주었기 때문이다. 존 케이지의 생각처럼 세상의 모든 소리는 음악이 될 수 있다. 음악의 기원설을 살펴보면 동물을 흉내 내는 소리, 아기를 재우기 위해 흥얼거리는 소리, 동물의 뼈를 두드리거나 동물의 뿔에 바람을 불어넣어 내는 소리 등을 모두 음악이라고 보고 있다.

그리고 「4분 33초」는 엄연히 3개의 **악장**˚으로 구성된 형식이 있는 음악이다. 존 케이지가 만든 악보를 보면 음표는 없지만, 각 악장마다 어떻게 하라는 지시가 적혀 있다. 각 악장의 첫 부분에 '아무것도 연주하지 말라'는 뜻의 라틴어 'TACET'가 적혀 있다. 「4분 33초」는 객석에서 들리는 우연한 소리를 포획해 음악으로 만든 것이지, 그냥 소음이 아닌 것이다. 길가에 굴러다니는 돌과 미켈란젤로의 작품 다비드 조각상의 돌이 다른 것과 같다. 이 작품은 연주자의 연주가 없이도 음악적 경험이 가능하다는 것을 보여 준다.

존 케이지는 "우리가 어디를 가든 우리의 귀에 들리는 것은 대부분 소음이다. 우리가 소음을 귀찮게 여기면 **소음**˚은 우리를 괴롭힌다. 그러나 우리가 그것을 주의 깊게 들으려 한다면 마침내 소음이 얼마나 환상적인가를 깨닫게 될 것이

- **당혹감**(當 마땅할 당, 惑 미혹할 혹, 感 느낄 감) 무슨 일을 당하여 어찌할 바를 모르는 감정.

- **악장**(樂 풍류 악, 章 글월 장) 소나타·교향곡·협주곡 따위에서, 여러 개의 독립된 소곡(小曲)들이 모여서 큰 악곡이 되는 경우 그 하나하나의 소곡.

- **소음**(騷 떠들 소, 音 소리 음) 불규칙하게 뒤섞여 불쾌하고 시끄러운 소리.

다. 소음이야말로 **경이로운** 음악이다. 가장 자연적인"이라고 말했다. 존 케이지의 말처럼 「4분 33초」는 일상에서 접하는 모든 소리가 음악이 될 수 있다는 것을 일깨워 주었을 뿐만 아니라 음악을 새롭게 느끼게 하고, 그 의미를 다시 정의하게 해 주었다.

● **경이**(驚 놀랄 경, 異 다를 이)**롭다** 놀랍고 신기한 데가 있다.

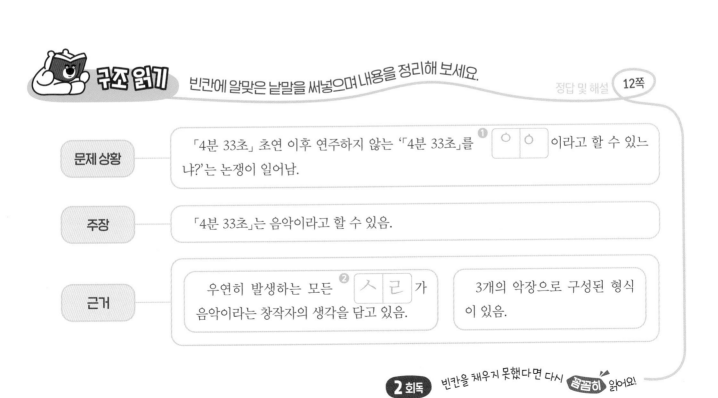

구조 읽기 빈칸에 알맞은 낱말을 써넣으며 내용을 정리해 보세요.

정답 및 해설 12쪽

문제 상황	「4분 33초」 초연 이후 연주하지 않는 「4분 33초」를 ❶ ○ ○ 이라고 할 수 있느냐?'는 논쟁이 일어남.
주장	「4분 33초」는 음악이라고 할 수 있음.

근거

우연히 발생하는 모든 ❷ ㅅ ㄹ 가 음악이라는 창작자의 생각을 담고 있음.

3개의 악장으로 구성된 형식이 있음.

2 회독 빈칸을 채우지 못했다면 다시 **꼼꼼히** 읽어요!

1 이 글에 나타난 문제 상황을 알맞게 말한 친구의 이름에 ○표 하세요.

「4분 33초」 초연 이후 음악에 대한 새로운 개념이 필요하다는 의견이 나왔어.

연우

아무 연주도 하지 않는 존 케이지의 「4분 33초」를 음악이라고 할 수 있는지에 대한 논쟁이 일어났어.

신우

「4분 33초」를 통해 소음이 얼마나 환상적이고 경이로운 음악인지 알 수 있었어.

강태

2 「4분 33초」에 대한 내용으로 알맞지 <u>않은</u> 것은 무엇인가요? (   )

① 악보에 정해진 음표가 없다.

② 악보의 각 악장마다 지시가 적혀 있다.

③ 소리가 전혀 없는 완전한 무음의 작품이다.

④ 음악의 의미를 다시 생각하고 정의하게 한 작품이다.

⑤ 연주 없이도 음악적 경험이 가능하다는 평가를 받은 작품이다.

3 글쓴이의 주장을 뒷받침하는 근거를 두 가지 고르세요. (,   )

① 3악장의 형식을 갖춘 음악이다.

② 세상에서 가장 조용한 음악이다.

③ 박자, 가락들을 악보에 표현했다.

④ 악기에서 들리는 우연한 소리를 포획했다.

⑤ 우연히 발생하는 모든 소리가 음악이 될 수 있다는 생각을 표현했다.

4 이 글을 읽은 방법에 대해 학생들이 나눈 대화로 알맞지 <u>않은</u> 것은 무엇인가요?

(   )

① 글쓴이가 이런 주장을 펴게 된 문제 상황을 파악하며 읽었어.

② 글쓴이가 왜 「4분 33초」를 음악이라고 주장하는지 살피며 읽었어.

③ 글쓴이가 제시한 근거가 주장과 관계가 있는지를 확인하며 읽었어.

④ 「4분 33초」의 초연 장면이 실감 나게 설명되었는지 파악하며 읽었어.

⑤ 「4분 33초」는 음악이 될 수 없다고 생각해서 글의 내용을 비판적으로 읽었어.

5 다음 대화에서 이 글의 글쓴이와 입장이 <u>다른</u> 친구를 두 명 찾아 이름을 쓰세요.

> 상훈: 참새가 짹짹 하는 소리도 음악이 될 수 있지.
> 성민: 나는 듣기 싫은 소음은 음악이라고 생각하지 않아.
> 동희: 부스럭거리는 소음에서도 리듬감을 느낄 수 있다고 생각해.
> 솔이: 우연한 소리에서 새로운 감동을 느낀다면 음악이라고 할 수 있어.
> 호영: 난 정해진 음표에 따라 연주하는 아름다운 소리만이 진짜 음악이라고
> 생각해.

(,   )

6 이 글의 내용을 참고할 때 빈칸에 들어갈 알맞은 말은 무엇일까요? (   )

> 　존 케이지는 세상에서 가장 조용한 공간이라는 '무향실'에서도 소리가 들리는 것을 경험하고, 세상에 완전히 조용한 곳은 없다는 것을 깨달았다. 그리고 친구인 로버트 라우센버그의 '흰색 회화'를 본 후, 「4분 33초」를 제작할 용기를 얻었다. '흰색 회화'는 하얗게 칠해 아무것도 그리지 않은 것 같은 캔버스이다. '흰색 회화'는 전시장에 걸려 있는 조명과 그 앞을 지나가는 사람들의 그림자 등에 의해 계속 바뀌는 작품이다. 이것을 보고 존 케이지도 　　　　　　로 채워진 음악을 생각해 낸 것이다.

① 빛과 그림자　　　　② 주변의 소리　　　　③ 아름다운 가사
④ 악기 연주 소리　　　⑤ 정확한 음표와 악보

> 아무 연주도 하지 않는 「4분 33초」를 음악이라고 생각하는지, 아닌지 타당한 근거를 들어서 자신의 생각을 써 보아요.

7 「4분 33초」가 음악이라고 할 수 있는지에 대한 자신의 의견을 써 보세요.

> 「4분 33초」는 음악이라고 할 수 　　　　　　 그 까닭은

2 ⁺ 주차 에서 우리는

06 시의 소재

시에는 여러 가지 소재가 나오는데, 모든 소재의 의미가 중요한 것은 아니에요. 시의 주제나 시에서 말하는 이의 감정을 드러낼 때 중요한 역할을 하는 소재가 있어요. 이런 소재는 시의 주제나 말하는 이의 감정을 표현하는 경우가 많으므로, 그 의미를 파악하면서 시를 감상해야 해요.

↦시의 소재 시에 나오는 모든 재료. 시인이 자신의 생각, 감정, 경험을 표현하기 위해 선택하는 모든 대상이 소재가 됨.

↦소재의 의미를 파악하는 방법

- 시에 나타난 상황에서 소재가 가지는 의미를 파악함.
- 소재가 시 전체의 흐름에서 어떤 역할을 하는지 살펴봄.
- 소재는 다른 대상에 빗대어 표현하므로 소재의 비유적 표현을 파악함.

개념 확인

확인 문제를 풀어 보며 개념을 익혀요.

1~2 다음 시에 나타난 상황과 소재의 의미로 알맞은 것을 찾아 ○표 하세요.

1

칠흑 같은 어둠 아래
숨죽여 울고 있는 아이 하나
그 어둠을 뚫고 나온 별 하나
아이 머리 위로 쏟아지는 작은 빛
아이 얼굴에 번지는 작은 빛

(1) 아이는 어둠 속에서 (슬픔 , 안타까움)
을 느끼고 있다.

(2) '별'은 아이에게 (위로를 , 그리움을)
주는 소재이다.

2

출장 간 엄마가
푹 고아 낸 곰국에서
뽁뽀글 다글다글 김이 폭폭폭
뚜껑 틈으로 뽀그르르 기어 나온
수증기 거인

(1) 엄마가 곰국을 끓여 두고 (출장 , 시장)
을 갔다.

(2) '곰국'은 엄마의 (외로움 , 사랑)을 느
낄 수 있는 소재이다.

3~4 다음 시를 읽고, 밑줄 친 소재가 의미하는 것을 **보기**에서 찾아 번호를 쓰세요.

보기

① 살기 좋은 이상적인 세상   ② 오줌 싼 얼룩

3

빨래줄에 걸어 논
요에다 그린 **지도**
지난 밤에 내 동생
오줌 싸 그린 **지도**

(   )

4

엄마야 누나야 **강변** 살자
뜰에는 반짝이는 금모래 빛
뒷문 밖에는 갈잎의 노래
엄마야 누나야 강변 살자

(   )

정답 1 (1) 슬픔 (2) 위로를 2 (1) 출장 (2) 사랑 3 ② 4 ①   06. 시의 소재 **43**

만돌이

만돌이가 학교에서 돌아오다가
전봇대 있는 데서
돌짜기 다섯 개를 주웠습니다.

전봇대를 겨누고
돌 첫 개를 뿌렸습니다.
- 딱 -
두 개째 뿌렸습니다.
- 아뿔싸 -
세 개째 뿌렸습니다.
- 딱 -
네 개째 뿌렸습니다.
- 아뿔싸 -
다섯 개째 뿌렸습니다.
- 딱 -

다섯 개에 세 개……
그만하면 되었다.
내일 시험,
다섯 문제에 세 문제만 하면—
손꼽아 구구를 하여 봐도
허양 육십 점이다.
볼 거 있나 공 차러 가자.

- **첫 개** 처음 한 개.
- **구구**(九 아홉 구, 九 아홉 구)
  구구법으로 셈하는 일.
- **허양** '거뜬히'라는 뜻의 북간도
  사투리.

그 이튿날 만돌이는

꼼짝 못하고 선생님한테

흰 종이를 바쳤을까요.

그렇잖으면 정말

육십 점을 맞았을까요.

 **구조 읽기** 빈칸에 알맞은 낱말을 써넣으며 내용을 정리해 보세요.

정답 및 해설 14쪽

1연	만돌이가 하굣길에 ❶ ㄷ ㅉ ㄱ (돌멩이) 5개를 주움.

⬇

2연	만돌이는 시험 공부를 하기 싫어서 전봇대에 돌짜기를 던져 시험 점수를 점침.

⬇

3연	만돌이는 내일 시험에서 ❷ ㅇ ㅅ 점은 맞을 것 같아 공 차러 감.

⬇

4연	만돌이의 이튿날 상황이 어떻게 되었을지를 물음.

2 회독 빈칸을 채우지 못했다면 다시 꼼꼼히 읽어요!

1 이 시에 나타난 만돌이의 하루를 정리한 것이에요. 빈칸에 들어갈 알맞은 말을 쓰세요.

전봇대 근처에서 돌짜기 다섯 개를 주움. ➡ 돌짜기 다섯 개를 전 봇 대 에 던 져 서 ❶ ☐ ☐ 를 맞힘. ➡ 내일 볼 시험에서 ❷ ☐ ☐ 점을 맞을 거라고 예상하고 공을 차러 감.

2 이 시에 대한 설명으로 알맞은 것은 무엇인가요? (   )

① 만돌이는 내일 시험을 보는 구구단을 잘한다.

② 만돌이는 학교에서 돌짜기 다섯 개를 주워 왔다.

③ 이 시에서 말하는 이는 만돌이의 행동을 보고 있다.

④ 지난 시험의 성적으로 고민하는 만돌이의 모습이 나타나 있다.

⑤ 말하는 이는 만돌이가 시험에서 육십 점을 맞을 것이라고 생각하고 있다.

3 이 시에서 선생님이 설명하는 소재를 찾아 쓰세요.

> 선생님: 만돌이는 다음 날 어떻게 되었을까요? 좋은 결과가 있었으면 좋겠네요. 이 시에서 만돌이의 행동에 유쾌한 핑계를 만들어 주는 소재가 있어요. 이 소재는 시험 점수를 점쳐 보는 물건이면서 동시에 만돌이가 공을 차러 갈 수 있도록 해 주는 것이에요. 이 시의 시인은 우리 주변에서 흔히 볼 수 있는 소재를 사용하여 시를 읽는 우리가 쉽게 시의 상황으로 들어갈 수 있게 해 주었어요.

(   )

4 다음 소재들의 의미를 알맞게 설명한 것에 ○표, 아닌 것에는 ×표 하세요.

(1) '시험'은 만돌이가 기대하는 대상으로, 시의 분위기를 유쾌하게 만들고 있다. (   )

(2) '흰 종이'는 제대로 풀지 못한 시험지로, 만돌이가 시험을 망치는 것을 의미한다. (   )

5 이 시에서 '돌짜기'로 전봇대를 맞추는 행동에 담긴 의미로 알맞은 것은 무엇인가요? (   )

① 같이 놀 친구가 없어서 아쉬운 마음이 담겨 있다.

② 시험 성적이 높게 나오길 기도하는 마음이 담겨 있다.

③ 공부하기 싫어서 괜히 요령을 부리는 마음이 담겨 있다.

④ 전봇대를 대상으로 삼아 화풀이 하고 싶은 마음이 담겨 있다.

⑤ 집에 들어가기 싫어서 시간을 때우고 싶은 마음이 담겨 있다.

6 이 시를 읽은 감상을 알맞게 말하지 <u>못한</u> 친구의 이름에 ○표 하세요.

나는 이 시에서 마지막 연이 가장 좋았어. 이튿날 만돌이가 어떻게 되었을지를 물으면서 시를 마무리하니까 여운이 더 많이 남는 것 같아.

지아

나는 '그만하면 되었다'는 표현이 인상 깊었어. 나도 최선을 다하고 나면 스스로에게 이제 그만해도 괜찮다고 말하거든. 최선을 다한 만돌이의 마음이 이해되었어.

예은

돌이 전봇대에 맞을 때는 '–딱–' 하고 귀에 들리듯이 표현하고, 안 맞을 때는 '–아뿔싸–' 하며 만돌이의 혼잣말을 들려 줘서 만돌이가 돌을 던지는 장면이 머릿속에 생생하게 그려졌어.

도영

> 시의 소재를 정할 때는 그 시의 주제와 어울리는 것을 정하는 것이 좋아요. 시의 소재를 통해 주제를 드러내기 때문이에요.

7 '시험'을 주제로 시를 쓴다면 어떤 소재를 사용할지 그 까닭과 함께 써 보세요.

• 사용할 소재:

• 그 까닭:

07 설명 방법 – 분류

달곰아, 먹이에 따라 동물을 분류하면 우리는 어디에 속할까?

우리는 잡식 동물에 속해. 아무거나 잘 먹는다는 거지.

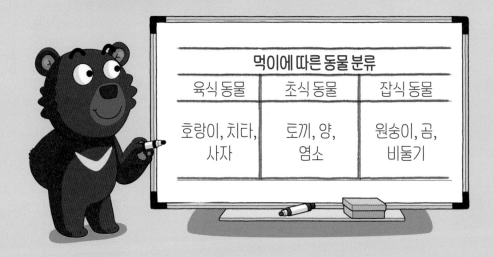

먹이에 따른 동물 분류

육식 동물	초식 동물	잡식 동물
호랑이, 치타, 사자	토끼, 양, 염소	원숭이, 곰, 비둘기

개념 사전

설명하는 방법은 여러 가지가 있는데, 기준에 따라 묶어서 설명해야 하는 대상은 분류 방법으로 설명하는 것이 좋아요. 분류 방법으로 설명한 글을 읽을 때는 대상을 어떤 기준으로 묶었는지 잘 살펴보아야 해요.

✦ **분류** 일정한 기준을 정한 뒤에 기준에 따라 묶어서 설명하는 방법

✦ **분류 짜임을 드러내는 말** 분류 짜임을 드러내는 말에는 '-에 따라', '-을 기준으로' 등이 있음. ⓔ 쓰레기를 버릴 때 그 재료에 따라 분류함.

종이류	캔류	유리병류	플라스틱류	비닐류
신문, 상자, 종이컵 등	철캔, 알루미늄 캔, 부탄가스 등	음료수병, 기타 병류 등	패트병, 플라스틱 용기 등	비닐 포장재, 일회용 봉지 등

확인 문제를 풀어 보며 개념을 익혀요.

1~2 다음 빈칸에 들어갈 알맞은 말을 **보기**에서 찾아 쓰세요.

보기

| 기준 | 예를 들면 | 비교하면 | -에 따라 | -을 기준으로 |

1 일정한 (   )을 정한 뒤에 그것에 따라 묶어서 설명하는 방법을 분류라고 한다.

2 분류 짜임을 드러내는 말에는 (   ), (   ) 등이 있다.

3~4 다음 중 분류 방법으로 쓰인 글에는 ○표, **아닌** 것에는 ✕표 하세요.

3
태극기는 흰색 바탕에, 태극 문양과 사괘로 이루어져 있다. 흰색 바탕은 밝음과 순수, 그리고 평화를 사랑하는 우리 민족의 민족성을 나타낸다. 그리고 태극 문양은 우주의 모든 것이 양의 기운과 음의 기운의 어우러짐을 바탕으로 하여 만들어지고 발전한다는 자연의 이치를 나타낸다. 사괘 건·곤·감·이는 건은 하늘, 곤은 땅, 감은 물, 이는 불을 상징한다.

(   )

4
동물은 먹이에 따라 크게 초식 동물과 육식 동물로 나뉜다. 초식 동물은 풀을 먹고 사는 동물이다. 소, 토끼, 염소, 양 등이 초식 동물에 속한다. 초식 동물은 질긴 풀을 먹기 편하도록 넓적한 어금니를 가졌다. 육식 동물은 동물을 잡아먹고 사는 동물이다. 사자, 치타, 호랑이 등이 육식 동물에 속한다. 육식 동물은 고기를 찢어 먹기에 편하도록 날카로운 송곳니를 가지고 있다.

(   )

나를 이해하고 남을 이해하는 MBTI

1회독

⬮ 중심 글감에 ◯

⬮ 분류 기준에 〰

⬮ 글쓴이가 하고 자 하는 말에 [　]

"나 우울해서 빵 샀어."라는 말을 들어 본 적 있나요? 이는 사람들의 MBTI 유형 중 하나를 알아보기 위해 장난스럽게 던지는 질문이에요. 그 질문에 "무슨 빵 샀어?"라고 반응하는 유형과 "왜 우울한데?"라고 반응하는 유형이 있는데, 이에 따라 사고형인지 감정형인지를 파악하는 거예요. MBTI는 사람들의 성격 유형을 각 기준에 따라 분류한 후 이를 조합하여 16가지로 나타내는 **지표**˚예요. 그러면 기준에 따라 각 유형에는 어떤 특징이 있는지 살펴볼까요?

🐾 에너지의 방향 – 외향형(E)과 내향형(I)

사람은 음식뿐만 아니라 관계나 활동을 통해서도 에너지를 얻어요. 외향형과 내향형은 에너지의 방향에 따라 분류한 거예요. 외향형(E)은 외부로부터 에너지를 얻는 유형이에요. 활동적이고 사교적이며, 새로운 경험을 추구하는 경향의 사람들이지요. 내향형(I)은 자기 내면으로부터 에너지를 얻는 유형이에요. 조용하고 세심하며, 다양한 관계보다는 깊은 관계를 중시하지요.

🐾 인식 방식 – 감각형(S)과 직관형(N)

우리는 늘 정보를 수집하고 인식해요. 감각형과 직관형은 사람이나 사물을 인식하는 방식에 따라 분류한 거예요. 감각형(S)은 무언가를 인식할 때, 자신의 오감과 경험에 의존하는 유형이에요. 현실적이고 현재에 중점을 두며 실제 경험을 중시하지요. 직관형(N)은 **직관**˚, 즉 **영감**˚에 의존하는 유형이에요. 미래지향적이고 추상적인 것에서 의미를 발견하며 창의적으로 사고하지요.

🐾 판단 방식 – 사고형(T)과 감정형(F)

우리는 늘 어떤 일을 겪고 무엇인가를 결정해요. 사고형과 감정형은 판단 방식에 따라 분류한 것이에요. 사고형(T)은 객관적인 기준을 갖고 정보를 비교·분석하고 논리적이고 합리적으로 판단하는 유형이에요. 진실과 사실에 관심을 갖고 객관적으로 판단하지요. 감정형(F)은 사람들의 감정과 관계를 고려하여 판단하는 유형이에요. 다른 사람과의 조화를 중시하고, 사람들에게 공감을 잘하지요.

- **지표**(指 가리킬 지, 標 표 표) 방향이나 목적, 기준 따위를 나타내는 표지.

- **직관**(直 곧을 직, 觀 볼 관) 감각, 경험, 연상, 판단, 추리 따위의 사유 작용을 거치지 아니하고 대상을 직접적으로 파악하는 작용.

- **영감**(靈 신령 영, 感 느낄 감) 창조적인 일의 계기가 되는 기발한 착상이나 자극.

생활 방식 – 판단형(J)과 인식형(P)

사람마다 삶의 방식은 다 달라요. 판단형과 인식형은 생활 방식에 따라 분류한 거예요. 판단형(J)은 목적의식이 뚜렷하고 합리적으로 행동하는 것을 좋아하는 유형이에요. 목적을 이루기 위해 계획을 세워 체계적으로 일을 처리하지요. 인식형(P)은 상황에 맞추어 융통성 있게 행동하는 유형이에요. 모험이나 변화에 대한 열망이 크고 모든 일에 호기심이 많으며 상황에 따라 유연하게 행동하지요.

MBTI는 사람들의 성격을 이해하고, 서로 다른 성향을 존중하는 데 도움이 돼요. 하지만 MBTI로만 누군가의 성격을 판단하는 것은 위험해요. 사람은 MBTI의 16가지 유형에 넣을 수 없을 만큼 다양한 성격을 갖고 있는데, MBTI는 몇 가지 유형으로 사람을 판단하고 평가하기 때문이에요. 또한 성격은 다양한 경험과 환경에 따라 변화할 수 있어요. 따라서 MBTI를 참고하되 무조건 믿지는 말아야 해요. 각각의 성격은 장점과 단점을 모두 가지고 있으므로, 자신의 성격을 이해하고 타고난 성격의 장점을 성숙하게 잘 활용하면 균형 잡힌 사람이 될 거예요.

 **구조읽기** 빈칸에 알맞은 낱말을 써넣으며 내용을 정리해 보세요.

정답 및 해설 16쪽

MBTI 성격 유형

① ㅇ ㄴ ㅈ 를 얻는 방향		② ㅇ ㅅ 방식	
외향형(E)	내향형(I)	감각형(S)	직관형(N)
외부로부터 에너지를 얻음.	자기 내면으로부터 에너지를 얻음.	자신의 오감과 경험에 의존해서 인식함.	직관 즉, 영감에 의존해서 인식함.

③ ㅍ ㄷ 방식		④ ㅅ ㅎ 방식	
사고형(T)	감정형(F)	판단형(J)	인식형(P)
객관적인 기준을 갖고 논리적으로 판단함.	사람들의 감정과 관계를 고려하여 판단함.	목적의식이 뚜렷하고, 합리적으로 행동함.	상황에 맞추어 융통성 있게 행동함.

2 회독 빈칸을 채우지 못했다면 다시 꼼꼼히 읽어요!

1 이 글에서 설명하고 있는 것은 무엇인가요? (   )

① MBTI의 역사   ② MBTI를 만든 사람
③ MBTI의 성격 유형   ④ MBTI의 인기 비결
⑤ MBTI의 미래 전망

2 이 글의 내용과 일치하지 <u>않는</u> 것은 무엇인가요? (   )

① MBTI는 사람들의 성격을 16가지로 나타내는 지표이다.
② 판단형(J)은 상황에 맞추어 목적과 방향을 변경하여 행동한다.
③ 사람들의 성격은 다양한 경험과 환경에 따라서 변화할 수 있다.
④ 직관형(N)은 무언가를 인식할 때 경험보다는 영감에 의존한다.
⑤ 외향형(E)은 사람들과 쉽게 잘 사귀고 새로운 경험을 좋아한다.

3 이 글의 설명 방법으로 알맞은 것은 무엇인가요? (   )

① 대상들의 문제점을 중심으로 설명하고 있다.
② 일정한 순서에 따라 대상의 특징을 설명하고 있다.
③ 실제 사례를 중심으로 대상을 알기 쉽게 설명하고 있다.
④ 원인과 그에 따른 결과를 중심으로 대상을 설명하고 있다.
⑤ 일정한 기준에 따라 같은 것끼리 묶어서 대상을 설명하고 있다.

4 이 글에 주로 사용된 설명 방식의 짜임을 나타내는 말로 알맞은 것은 무엇인가요?
(   )

① -에 비해   ② -에 따라   ③ -와/과 반대로
④ -을/를 더하면   ⑤ -와/과 비슷하게

5 이 글을 읽고 알맞게 반응하지 <u>않은</u> 친구의 이름을 쓰세요.

(   )

6 친구가 자신의 성격을 소개한 글을 읽고, 친구의 MBTI를 짐작하여 ○표 하세요.

> 나는 사람들과 어울리는 걸 좋아해서 친구들이랑 같이 놀 때 가장 즐거워. 그리고 현실적이고 실용적인 것을 중요하게 생각해서 무엇인가를 배울 때, 그것이 실제로 어떻게 쓰이는지가 궁금해. 또 수학이나 과학 같은 논리적인 과목을 좋아하고, 무엇인가를 결정할 때는 합리적으로 생각하려고 해. 마지막으로, 계획 세우고 지키는 걸 좋아해서 하루 일과나 숙제를 할 때 미리 계획을 세우고 그 계획대로 수행하는 것에서 뿌듯함을 느껴.

(1) ENFP (   )   (2) ISFJ (   )   (3) ESTJ (   )

> 이 글의 분류 기준에 따라 자신의 성격을 파악하여 소개해 보아요.

7 자신의 MBTI 유형을 이 글의 분류 기준에 따라 파악하고 간단하게 설명해 보세요.

_____

_____

_____

08 글에 나타난 **시간 표현**

어제 귤을 먹었다. | 오늘 귤을 먹는다. | 내일도 귤을 먹을 것이다.

일이 일어난 순서가 뒤죽박죽이 된 이야기를 들으면 어떤가요? 무슨 이야기인지 잘 이해가 되지 않죠? 글도 마찬가지예요. 글에 나타난 시간 표현을 이해하지 못하면 글의 전체적인 흐름을 이해하기 어려워요. 일이 일어난 순서에 따라 내용을 정리하면 이해하기 쉬워요.

✦**시간 표현** 언어를 통해 과거, 현재, 미래의 시간을 표현하는 것

- **과거:** 말하는 때보다 앞서 일어난 일을 말할 때는 '이미', '어제', '지난', '오래전' 등을 씀.
  - 예 은지가 어제 자전거를 샀다.
- **현재:** 말하는 때와 사건이 일어나는 때가 같을 때는 '지금', '올해', '요즈음' 등을 씀.
  - 예 은지가 지금 자전거를 탄다.
- **미래:** 말하는 때보다 나중에 일어날 일을 말할 때는 '내일', '다음에', '앞으로' 등을 씀.
  - 예 은지는 내일 한강에서 자전거를 탈 것이다.

확인 문제를 풀어 보며 개념을 익혀요.

1 다음 문장에 어울리는 시간 표현을 찾아 ○표 하세요.

| 과거 | 현재 | 미래 |

은후는 (어제 , 지금) 열이 40도까지 올라가서 많이 아팠다.

은후는 (오늘 , 내일) 열이 많이 내려가서 조금 덜 아프다.

은후는 (내일 , 어제)쯤이면 다 나아서 밥을 먹을 수 있을 것이다.

2~3 다음 글을 읽고, 물음에 답하세요.

[   ] 초대장에는 도시로 가는 기차표가 들어 있었다.
내일 낮 1시에 시골 기차역에서 출발하는 기차이다. [   ]
시골 쥐는 내일 도시쥐를 만날 생각에 설레었다. [   ]

2 빈칸에 들어갈 내용을 일이 얼어난 순서에 맞게 번호를 쓰세요.

① 시골 쥐는 어제 도시 쥐에게서 초대장을 받았다.
② 시골 쥐는 내일 저녁에 도시 쥐를 만나 맛있는 치즈와 고기를 먹을 것이다.
③ 시골 쥐는 도시 쥐에게 전화를 걸어 내일 저녁 6시에 기차역에서 만나기로 약속했다.

(① ➡   ➡   )

3 다음 중 시간 표현을 나타내는 낱말이 <u>아닌</u> 것에 ○표 하세요.

| 낮 | 어제 | 내일 | 저녁 | 전화 |

불쾌한 골짜기

1회독

⬤ 중심 글감에 ◯

⬤ 시간 표현이 나타난 부분에 〰

⬤ 글쓴이가 하고 싶은 말에 [ ]

1 『폴라 익스프레스』는 크리스마스이브에 산타를 기다리는 한 아이의 모험을 그린 애니메이션이다. 뛰어난 기술력으로 캐릭터를 실제 사람과 유사하게 구현해 큰 기대를 받으며 지난 2004년에 개봉했다. 그런데 극장에서 영화를 본 아이들이 무서운 장면이 아닌데도 무서워하는 현상이 나타나 화제가 되었다. 이러한 현상은 일본의 로봇 과학자인 모리 마사히로 박사가 1970년에 언급한 '불쾌한 골짜기 이론'으로 설명할 수 있다.

2 불쾌한 골짜기는 인간이 '인간이 아닌 존재'에 대해 느끼는 감정에 관한 이론이다. 로봇이나 인형이 인간의 모습과 어느 정도 비슷하면 **호감도**˚가 증가하다가, 어느 선을 넘으면 순식간에 불쾌감으로 바뀐다. 그러다가 로봇이나 인형의 생김새와 행동이 인간과 구별할 수 없을 정도가 되면 호감도가 다시 증가한다. 호감도 곡선이 올라가다가 갑자기 아래로 뚝 떨어지는 그 지점이 마치 골짜기 모양과 같아 ㉠'불쾌한 골짜기'라는 이름이 붙었다.

3 2015년, 미국의 마야 마서 박사가 이끄는 연구팀은 이 이론을 실험으로 증명했다. 연구팀은 로봇 얼굴 사진 80개를 사람들에게 보여 주고 호감도 점수를 매기게 한 뒤, 그중 하나에 투자한다면 어느 것에 할지 선택하도록 했다. 사람들이 선택한 결과를 분석하니 '불쾌한 골짜기'와 비슷한 곡선이 나타났다. 이 연구를 진행한 마야 박사는 "이 연구는 사람들이 로봇을 인식할 때 실제로 불쾌한 골짜기 현상이 나타난다는 것을 보여 준다."라고 밝혔다.

● **호감도**(好 좋을 호, 感 느낄 감, 度 법도 도) 어떤 대상에 대하여 좋은 감정을 갖는 정도.

▲ 사람과 조금 닮은 휴머노이드

▲ 사람과 많이 닮은 인형

4 그렇다면 불쾌한 골짜기 현상이 나타나는 이유는 무엇일까? 인간은 로봇이나 인형이 인간과 어느 정도 닮았을 때는 비슷한 점을 찾으며 친밀감을 느낀다고 한다. 하지만 지나치게 많이 닮았을 때는 반대로 차이점을 찾게 되어 인간과 비슷하게 생겼는데 어딘가 다른 모습에서 불쾌감을 느낀다고 한다. 영국 케임브리지대 생리학과와 독일 아헨공대 공동 연구팀의 연구 결과에 따르면, 인간과 어느 정도 닮은 휴머노이드 로봇을 볼 때는 호감도를 느끼는 뇌의 한 영역인 전전두피질이 활성화되었지만, 인간과 아주 흡사한 로봇을 보았을 때는 그렇지 않았다고 한다.

5 요즈음 인공 지능 연구자들과 로봇 과학자들은 불쾌한 골짜기 현상에서 인간과 함께 할 로봇에 대한 단서를 얻고 있다. 로봇 공학자인 데니스 홍 교수는 "로봇이 사람을 도와줄 도구라면 기능에 따라 생김새를 결정해야지 꼭 사람과 같은 모습일 필요는 없다."라고 말했다. 그리고 인간과의 교감 면에서도 로봇은 만화 캐릭터처럼 눈썹과 입술만 기계적으로 움직여도 감정을 충분히 전달할 수 있다고 설명했다. 앞으로 로봇과 인공 지능을 개발할 때는 외형과 행동의 적절한 조합을 찾아야 할 것이다.

 **구조 읽기** 빈칸에 알맞은 낱말을 써넣으며 내용을 정리해 보세요.

정답 및 해설 18쪽

불쾌한 골짜기

정의	발생 이유	증명
로봇이나 인형이 사람과 비슷하지만 완전히 같지는 않을 때 ❶ ㅂㅋㄱ 을 느끼는 현상을 설명하는 이론임.	인간과 어느 정도 비슷하면 비슷한 점을 찾아 친밀감을 느끼고, 인간과 지나치게 많이 비슷하면 차이점을 찾아 불쾌함을 느끼기 때문임.	마야 마서 박사 연구팀이 사람들이 ❷ ㄹㅂ 을 인식할 때, 실제로 불쾌한 골짜기 현상이 나타난다는 것을 증명함.

2 회독 빈칸을 채우지 못했다면 다시 **꼼꼼히** 읽어요!

1 이 글에서 알 수 있는 내용이 <u>아닌</u> 것은 무엇인가요? (   )

① 불쾌한 골짜기의 사례

② 불쾌한 골짜기의 개념

③ 불쾌한 골짜기를 증명한 실험

④ 불쾌한 골짜기를 반대하는 근거

⑤ 불쾌한 골짜기 현상이 나타나는 이유

2 다음 그래프에서 ㉠의 위치를 찾아 번호를 쓰세요.

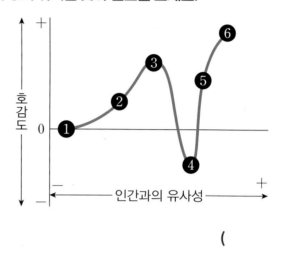

(   )

3 이 글에 나타난 일을 벌어진 순서에 따라 차례대로 쓰세요.

> ① 로봇 과학자인 모리 마사히로 박사가 '불쾌한 골짜기 이론'을 언급함.
> ② 미국의 마야 마서 박사가 이끄는 연구팀이 '불쾌한 골짜기 이론'을 실험으로 증명함.
> ③ 영화 『폴라 익스프레스』를 본 아이들이 무서운 장면이 아닌데도 무서워하는 현상이 나타남.

(➡   ➡   )

4 빈칸에 들어갈 알맞은 말을 보기에서 찾아 쓰세요.

> ┤ **보기** ├
>
>   -했다   -할 것이다   앞으로   이전에

> '불쾌한 골짜기' 현상은 일본의 로봇 과학자인 모리 마사히로 박사가 오래 전인 1970년에 언급❶ [   ]. 이 현상은 인공물이 인간의 모습과 유사하지만 완전히 같지는 않을 때 어딘가 다른 모습에 불쾌감이 느껴져 나타나는 것이다. '불쾌한 골짜기' 현상은 ❷ [   ] 로봇이나 인공 지능을 개발할 때 참고할 수 있을 것이다.

5 '불쾌한 골짜기' 현상과 관련이 있는 경험을 말한 두 친구의 이름에 ○표 하세요.

TV에서 빨간색 옷을 입은 사람들이 춤추는 걸 봤는데 거부감이 들었어.

정연

영화 '캣츠'를 봤는데, 고양이 캐릭터가 사람이랑 너무 닮아서 이상했어.

지성

사람이랑 닮았지만 뭔가 다른 마네킹을 보았는데, 왠지 모르게 불쾌했어.

민국

6 보기의 내용과 관련이 있는 문단은 무엇인가요? ( )

┤ 보기 ├

실제로 '불쾌한 골짜기' 현상을 극복한 사례가 있다. 지난 3월 한 음악 순위 프로그램에서 가상 인물로 구성된 아이돌인 버추얼 아이돌 '플레이브'의 곡이 1위를 했다. 다른 대부분의 버추얼 아이돌은 3D 형태로 표현되어 완전한 몰입감을 주기가 힘들다는 평이 있었다. 하지만 '플레이브'는 2D 애니메이션 캐릭터 형태여서 만화 캐릭터를 좋아하듯이 호감을 가질 수 있고, 만화처럼 자연스럽게 표현할 수 있다. 그래서 많은 인기를 끄는 것이다.

① 1문단   ② 2문단   ③ 3문단   ④ 4문단   ⑤ 5문단

과거와 관련된 시간 표현은 '지난, 어제, 오래전' 등이 있어요.

7 시간을 나타내는 표현을 사용하여 '불쾌한 골짜기'에 대한 자신의 경험을 써 보세요.

09 인물의 마음 변화

일상생활에서 다른 사람의 말이나 행동, 또는 어떤 사건에 의해 사람의 마음이 변하는 것처럼 이야기 속 인물도 여러 가지 요인으로 마음이 변해요. 인물의 마음이 어떻게 변하는지 파악하며 이야기를 읽으면 사건이 어떻게 흘러가는지, 이야기의 주제는 무엇인지 알 수 있어요.

✦인물의 마음 변화 어떤 사건이나 인물에 의해 인물의 생각이나 마음이 바뀌는 것

✦인물의 마음 변화 이해하는 방법

- 사건이 전개되는 내용 파악하기
- 사건에 대한 인물의 말이나 행동 살펴보기
- 주변 인물과의 관계에 따른 인물의 마음 변화 알기

확인 문제를 풀어 보며 개념을 익혀요.

1 인물의 마음 변화를 파악하는 방법을 생각하며 괄호에 들어갈 알맞은 말을 찾아 ○표 하세요.

> 인물의 마음 변화를 파악하려면 어떤 (사실 , 사건)이 일어났는지 살펴보고, 그것이 전개됨에 따라 인물의 말과 행동이 어떻게 달라지는지 알아보아야 한다.

2~3 다음 글을 읽고, 물음에 답하세요.

> 오늘은 내 기분이 롤러코스터를 탄 것처럼 오르락내리락했다. 점심 때까지만 해도 축구 시합에서 내가 두 골을 넣어서 신나고 기분이 좋았다. 그런데 5교시에 계단에서 엎어져 무릎과 팔꿈치를 다치는 바람에 우울해졌다. 들떠서 까불다가 안 좋은 일이 생긴 것 같아 신났던 기분이 확 가라앉았다. 집에 와서 오늘 있었던 일을 부모님께 말씀드렸더니 아빠가 "잘될 때 조심해야 하는 거야."라고 하셨다. 앞으로는 기분이 좋아도 너무 까불지 말아야겠다.

2 이 글에서 '나'의 마음을 나타낸 말을 모두 찾아 ○표 하세요.

우울하다		까불다		들뜨다	
조심하다		신나다		넘어지다	

3 이 글에서 '나'의 마음 변화로 알맞은 것에 ○표 하세요.

(1) 기분이 가라앉았다. ➡ 기분이 나아졌다. (   )

(2) 신나고 기분이 좋았다. ➡ 우울하고 기분이 가라앉았다. (   )

(3) 기분이 푹 꺼져 있었다. ➡ 하늘을 나는 듯 기분이 좋아졌다. (   )

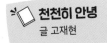
불 꺼진 사이에

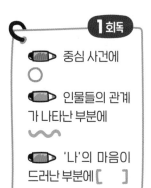
1회독

⬬ 중심 사건에
○

⬬ 인물들의 관계
가 나타난 부분에

⬬ '나'의 마음이
드러난 부분에[   ]

"승강기가 멈췄어요. 고장 났나 봐요. 여보세요."

"지금 아파트 전체가 정전˚이에요. 몇 동이죠? 몇 명 있어요?"

승강기 스피커를 통해 경비 아저씨의 목소리가 들렸다. 나는 다급히 소리쳤다.

"3동요. 여기 두 명 있어요."

"저는 3동 502호 살아요. 집으로 전화 좀 해 주세요. 아저씨."

등 뒤에서 울먹이는 목소리가 들려왔다.

"한소혜?"

502호라는 말을 듣고 나도 모르게 불쑥 이름을 말하고 말았다. 그 애가 물었다.

"나 알아? 넌 누군데?"

나는 잠깐 망설였다. 내가 이름을 말해도 소혜는 모를 수 있다. 같은 반이라 얼굴은 알 테지만, 우리는 1학기 내내 이야기를 나눈 적이 없었으니까. 하지만 달리 피할 수도 없었다. 어차피 우리는 금방 구조될 것이다. 밖으로 나가는 순간 모른 척했던 게 무안해˚질지도 모른다.

"너랑 같은 반 이진주……."

"이진주? 그 아싸? 아, 미안……."

역시 나를 그렇게 알고 있구나. 난 그런 말이 우스웠다. ㉠왜 자기들 기준으로 사람을 구분해 별명까지 붙이는 걸까? <중략>

"그래도 난 혼자 있는 게 싫어. 쉬는 시간마다 혼자 있을 자신도 없어."

"넌 가만히 있어도 아이들이 달라붙잖아."

"아이들은 내가 아니라, 내가 보여 주는 것들을 좋아하는 거야."

나는 깜짝 놀랐다. 소혜가 이렇게까지 솔직하게 말할 줄 몰랐다.

"아이들은 내가 늘 재미있기를 바라고 원해. 난 걔들을 실망시킬 수가 없어. 그래서 유행하는 춤이 있으면 인터넷으로 제일 먼저 배워. 잘 출 때까지 얼마나 연습을 많이 하는지 알아? 유행하는 물건은 가장 먼저 산다고. 두 번째로 사면 이미 관심에서 밀리니까. 용돈이 다 떨어지면 심부름이나 집안일로 벌어. 어떤 때는 거짓말도 해."

나는 보이지도 않는 어둠 속의 ㉡소혜 얼굴을 바라봤다. 어떤 표정일까 궁금했다. <중략>

"이진주, 너 아까 정말 정의로웠어."

● 정전(停 머무를 정, 電 번개 전)
들어오던 전기가 끊어짐.

● 무안(無 없을 무, 顔 얼굴 안)
하다 수줍거나 창피하여 볼 낯이 없다.

"뭐야, 한소혜. 이건 요즘 유행하는 놀리기니? 너 오늘 나한테 용감하다, 재미있다, 당당하다, 그랬어. 그리고 이번엔 정의롭다?"

ⓒ "아냐, 너 정말 그래. 난 오늘 처음 알았어."

"아, 나도 오늘 처음 알았네. 내가 이렇게 멋진 애인 줄은."

소혜가 쿡 하고 웃었다. 나도 어처구니가 없어 헛 하고 웃었다.

"네가 경비실로 연락할 때만 해도 네가 누군지 몰랐는데 이진주라니까, 진짜 놀랐어. 맨날 혼자 조용히 있는 애라고만 알았는데, 나설 때는 나서는구나. 싫으면 싫다고 말하고. 어른한테 막 따지기도 하고."

"내가 안 했으면 네가 했을 거잖아."

"아냐, 난 못 해. 미움받을까 봐 못 해."

미움받는 걸 좋아하는 사람이 어디 있을까. 나야말로 정말 싫다. 그래서 누구보다 소심하게 말하고, 웬만하면 눈에 띄지 않게 조용히 지내고, 걸핏하면 뒤로 숨어 버린다. 하지만 내 공간, 내 시간, 나만의 자유를 방해받는 건 더 싫다. 생각해 보니 내가 용기를 낼 때는 그럴 때였나 보다.

"너 보니까, 아싸라고 꼭 불행한 것 같지는 않아."

소혜가 말했다. 불행이라는 말이 마음에 안 들었지만, 나는 소혜가 한 말을 그대로 흉내 내어 말했다.

"그래, 너 보니까 인싸라고 다 행복한 것 같지도 않다."

내가 어둠 속의 보이지 않는 소혜를 흘겨본 것처럼, 소혜도 어둠 속의 나를 흘겨봤을까? ⓔ 우리는 약속이나 한 것처럼 동시에 웃음을 터트렸다.

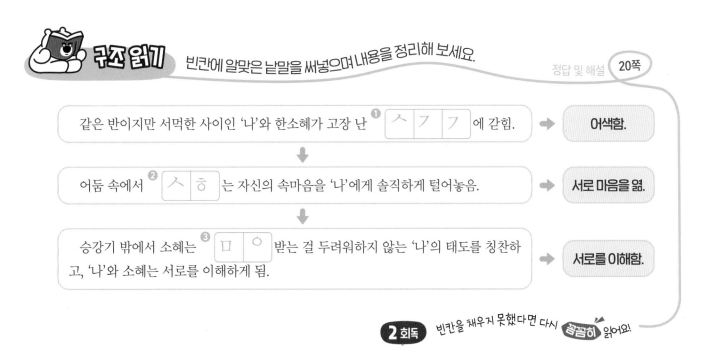

구조 읽기 빈칸에 알맞은 낱말을 써넣으며 내용을 정리해 보세요.

정답 및 해설 20쪽

같은 반이지만 서먹한 사이인 '나'와 한소혜가 고장 난 ❶ ㅅ ㄱ ㄱ 에 갇힘. ➡ 어색함.

⬇

어둠 속에서 ❷ ㅅ ㅎ 는 자신의 속마음을 '나'에게 솔직하게 털어놓음. ➡ 서로 마음을 엶.

⬇

승강기 밖에서 소혜는 ❸ ㅁ ㅇ 받는 걸 두려워하지 않는 '나'의 태도를 칭찬하고, '나'와 소혜는 서로를 이해하게 됨. ➡ 서로를 이해함.

2 회독 빈칸을 채우지 못했다면 다시 꼼꼼히 읽어요!

1 다음은 어떤 등장인물에 대한 설명인지 인물의 이름을 쓰세요.

(1)
- 반에서 인기가 많다.
- 친구들로부터 관심받는 걸 좋아한다.

(   )

(2)
- 반에서 눈에 띄지 않고 조용하다.
- 나설 때 나서고 용기 낼 줄 안다.

(   )

2 이 이야기에 나타난 내용으로 알맞은 것은 무엇인가요? (   )

① '나'와 소혜는 원래 친한 사이다.
② '나'는 소혜가 같은 반인 걸 몰랐다.
③ '나'는 미움받기 싫어서 조용히 지내는 성격이다.
④ 승강기가 고장났을 때 소혜가 경비실에 전화를 걸었다.
⑤ 소혜는 오래전부터 '나'가 용감하고 재미있는 아이라는 걸 알고 있었다.

3 ㉠~㉣에서 알 수 있는 인물의 마음을 찾아 선으로 이으세요.

(1) ㉠ •   • ① 서로 마음이 통하는 것을 느낌.
(2) ㉡ •   • ② 진주의 본래 모습을 알게 되어 놀람.
(3) ㉢ •   • ③ 소혜에 대해 좀 더 알아가고 싶은 마음이 듦.
(4) ㉣ •   • ④ 자기들 기준으로 사람을 구분 짓는 게 우스움.

4 이 이야기에서 인물들의 마음은 어떻게 변화했나요? (   )

	승강기 안		승강기 밖
①	서로를 이해함.	➡	서먹하고 어색함.
②	어색하고 불편함.	➡	서로를 이해함.
③	반갑고 매우 기쁨.	➡	서로를 이해함.
④	어색하고 불편함.	➡	당황스러움.
⑤	민망하고 부끄러움.	➡	당황스러움.

5 이 이야기에서 두 인물의 서로에 대한 마음이 바뀌게 된 까닭으로 알맞은 것에 ○표 하세요.

(1) 승강기에서 다투었기 때문이다. (　　　)

(2) 솔직하게 마음을 털어놓았기 때문이다. (　　　)

(3) 어둠 속에서 서로의 표정을 볼 수 없었기 때문이다. (　　　)

6 이 이야기의 주제를 바르게 이해한 친구의 이름에 ○표 하세요.

잘 몰랐던 사이지만 승강기에 갇힌 사건으로 서로를 이해하고 공감하면서 진짜 친구가 되어 가는 과정이 마음에 와 닿았어.

다혜

고장 난 승강기에 갇힌 위급한 상황에서도 침착하게 다친 친구를 구조해 주는 모습을 통해 진정한 우정이 무엇인지 알게 되었어.

정우

학교에서는 놀리다가 자신이 필요하니까 친구를 찾는 주인공의 이중적인 모습에 좋은 사람이 되기 위해 어떻게 해야 하는지 생각해 보게 되었어.

주은

마음이 바뀌게 된 사건이 무엇인지 밝혀 쓰도록 해요!

7 친구에 대한 마음의 변화가 있었던 자신의 경험을 간략하게 써 보세요.

• 친구에 대한 마음이 어떻게 변하였나요?

_____

_____

• 마음이 바뀌게 된 사건이나 까닭은 무엇인가요?

_____

_____

10 주제에 대한 **찬반 의견**

사람들은 저마다 생각이 다르기 때문에 어떤 주제에 대해 찬성하는 사람도 있고 반대하는 사람도 있어요. 어떤 주제에 대해 찬성하는지 반대하는지에 따라 그 사람이 어떤 관점을 가졌는지 알 수 있지요.

✦ 찬반 찬성과 반대를 아울러 이르는 말. 어떤 주제에 대해 찬성과 반대로 의견이 나뉠 수 있음.

✦ 찬반 의견을 파악하는 방법

• 글쓴이가 그 주제를 긍정적으로 보는지, 부정적으로 보는지 파악하기

• 어떤 근거를 제시했는지 파악하기

• 근거가 타당한지 평가하고, 자신의 생각과 비교하기

확인 문제를 풀어 보며 개념을 익혀요.

1~3 **다음 주제에 대한 의견이 찬성이면 '찬', 반대면 '반'이라고 쓰세요.**

1

갯벌 체험을 폐지하자!

> 갯벌은 우리가 보호해야 할 소중한 자연유산이다. 그런데 갯벌 체험으로 인해 갯벌이 망가지고 있다.

> 갯벌 체험 같은 자연 체험이 환경 교육 효과가 크다. 따라서 갯벌 체험 폐지보다 갯벌 파괴를 막을 다른 대책을 세워야 한다.

2

원자력 발전을 늘리자!

> 원자력 발전은 온실가스를 거의 배출하지 않아 친환경적이고, 전기를 싸게 생산할 수 있어 경제적이다.

> 원자력 발전은 핵폐기물 처리에 비용이 많이 들어 비경제적이고, 사고가 나면 경제적 손실뿐만 아니라 인명 피해도 입힌다.

3

학교 시설을 개방해서 사용해야 한다.

> 학교는 공공 기관이다. 그러므로 교육에 지장이 가지 않는 범위에서 지역 주민들이 경제적·심리적 부담 없이 체육 활동을 할 수 있도록 해야 한다.

> 학교 시설물이 파손될 수 있고, 쓰레기 문제도 발생할 수 있다. 또 외부인의 출입이 많아져 학교 구성원의 안전이 위협받을 수도 있다.

가 환자 치료에 우선순위를 정해야 한다

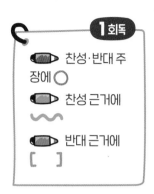

1회독

- 찬성·반대 주장에 ○
- 찬성 근거에 〜
- 반대 근거에 [ ]

　지방의 한 병원에서 환자 치료 순서 때문에 응급실 업무가 마비되는 일이 일어났다. 뉴스 보도에 따르면 의료진이 나중에 온 **심정지**˚ 환자를 먼저 치료해 주었다는 이유로 먼저 온 환자의 보호자가 의료진에게 막무가내로 폭언을 쏟아 냈다고 한다. 이처럼 응급실에서는 환자 치료의 ㉠우선순위 때문에 갈등이 일어나기도 한다. 그럼에도 환자 치료에 우선순위를 정해 놓을 필요가 있다. 그 이유는 다음과 같다.

　첫째, 최적의 치료 시기가 있는 질병이 있기 때문이다. 예를 들어, 이마가 살짝 찢어진 환자와 심장 통증을 호소하는 **심근경색**˚ 환자가 동시에 응급실에 들어온다면, '골든 타임'이 정해진 심근경색 환자를 먼저 치료한 다음 이마가 찢어진 환자를 치료하는 것이 맞다. [　㉮　] 심근경색 환자는 즉각적인 의료 조치를 하지 않으면 생명을 잃을 위험이 크므로, 이런 환자들을 우선적으로 치료하여 생명을 살려야 하는 것이다.

　둘째, 한정된 의료 자원을 ㉡효율적으로 활용해야 하기 때문이다. 의료진이 모든 환자를 동등하게 치료할 수 있다면 좋겠지만, 의료인이나 수술 도구, 수술실, 치료약 등 의료 자원은 제한되어 있다. [　㉯　] 이렇게 제한된 의료 자원을 효율적으로 사용하기 위해서는 환자 치료에 우선순위를 정해 놓아야 한다. 그렇게 해야 보다 많은 환자가 적절한 치료를 받을 수 있다. 예를 들면, 중환자실 병상은 중증 환자에게 우선적으로 배정하여 자원의 낭비를 막고 더 많은 생명을 구할 수 있게 해야 한다. [　㉰　]

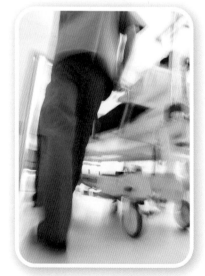

　의료인과 의료 자원의 한계가 있는 의료 현장에서 우선순위를 정하여 환자를 치료하는 것은 더 많은 생명을 살리기 위해서, 그리고 의료 자원을 효율적으로 활용하기 위해서 꼭 필요한 일이다. [　㉱　] 이는 궁극적으로 더 나은 의료 서비스를 제공하는 데에도 기여할 것이다.

- **심정지**(心 마음 심, 停 머무를 정, 止 그칠 지) 심장이 수축하지 않아 혈액 공급이 완전히 멎은 상태. 몇 분이 지나면 뇌의 기능이 완전히 멈추는 뇌사 상태가 됨.

- **심근경색**(心 마음 심, 筋 힘줄 근, 梗 줄기 경, 塞 막힐 색) 심장 동맥 경화증 때문에 혈액 순환이 제대로 되지 않아 심장 근육에 괴사가 일어나는 병.

나 환자 치료에 우선순위를 정하면 안 된다

  코로나19 당시, 중환자들이 늘어나 병상과 치료 장비가 부족했다. 그때 치료 장비를 노인과 같이 ㉢**치명률**˙이 높은 환자를 살리는 데 먼저 사용할지, 젊고 회복 가능성이 높은 사람에게 먼저 사용할지를 두고 논란이 일어났다. 하지만 환자 치료에 우선순위를 정해 두는 것은 위험하다. 그 이유는 다음과 같다.

  첫째, 모든 인간은 똑같이 ㉣**존엄**˙하며, 생명의 가치는 비교할 수 없기 때문이다. 만약 응급실에 20대 심근경색 환자와 70대 심근경색 환자가 동시에 온다면 누구를 먼저 치료해야 할까? 오늘날 응급실에서는 '의료 자원에 한계가 있을 때, 회복 가능성이 높고 남은 삶의 시간이 긴 환자부터 치료해야 한다'라는 '치료 순서 원칙'에 따라 20대 환자를 먼저 치료한다. 그런데 70대 환자의 생명이 20대 환자의 생명보다 덜 소중한 걸까? 치료의 우선순위를 정하는 것은 어떤 환자의 생명을 더 가치 있다고 여기는 것이어서 매우 위험하다.

  둘째, 질병은 복잡하고 진행 상황도 환자에 따라 다르기 때문에 어떤 질병이 더 심각하고, 어떤 환자가 더 위급한지 기준을 정하는 것이 매우 어렵다. 그래서 의사의 주관적인 판단을 통해 치료의 순서를 정할 수밖에 없는데, 그 과정이 ㉤공정하고 투명하지 않을 수 있다. 그러므로 어느 환자를 먼저 치료해야 하는지를 정하는데 시간을 낭비하지 말고 오는 대로 치료해야 한다.

  이처럼 인간의 존엄성과 질병의 복잡성을 생각했을 때 환자 치료에 우선순위를 정하는 것은 매우 까다롭고 어렵다. 그러므로 우선순위를 정하지 말고 병원에 온 순서대로 공정하게 치료를 해야 한다.

● **치명률**(致 이를 치, 命 목숨 명, 率 율 률) 어떤 병에 걸린 환자에 대한 그 병으로 죽는 환자의 비율.

● **존엄**(尊 높을 존, 嚴 엄할 엄) 인물이나 지위 따위가 감히 범할 수 없을 정도로 높고 엄숙함.

구조 읽기 빈칸에 알맞은 낱말을 써넣으며 내용을 정리해 보세요.

정답 및 해설 22쪽

주장	**찬성:** 환자 치료에 우선순위를 정해야 한다.	**반대:** 환자 치료에 우선순위를 정하면 안 된다.
근거	• 최적의 치료 ㅅㄱ 가 있는 질병이 있기 때문임. • 한정된 의료 ㅈㅇ 을 효율적으로 활용해야 하기 때문임.	• 모든 인간은 똑같이 ㅈㅇ 하고 생명의 가치는 비교할 수 없기 때문임. • 질병은 복잡하여 어떤 환자가 더 위급하다고 판단하기 어렵기 때문임.

2회독 빈칸을 채우지 못했다면 다시 꼼꼼히 읽어요!

1 글 **가** 와 **나** 는 어떤 논쟁에 대한 찬반 의견인지 빈칸에 들어갈 말을 쓰세요.

> 글 **가** 와 **나** 는 환자 치료에 ☐☐☐ 를 정해 두어야 하는가에 대한 찬성과 반대 의견을 담고 있다.

2 ㉠~㉤의 낱말의 뜻으로 알맞지 <u>않은</u> 것은 무엇인가요? (　　　)

① ㉠: 어떤 것을 먼저 차지하거나 사용할 수 있는 차례나 위치.
② ㉡: 들인 노력에 비하여 얻는 결과가 큰 것.
③ ㉢: 어떤 병에 걸린 환자에 대한 그 병으로 죽는 환자의 비율.
④ ㉣: 인물이나 지위 등이 감히 범할 수 없을 정도로 높고 엄숙함.
⑤ ㉤: 기술적 작업을 진행하는 차례나 과정. 또는 진행된 정도

3 다음 근거가 '환자 치료에 우선순위를 정해야 한다'에 대한 찬성 근거인지, 반대 근거인지 쓰세요.

> ☐☐ 근거
>
> 위급한 환자를 우선 치료하면 생존 가능성이 높아진다.
>
> 한정된 의료 자원을 효율적으로 활용해야 한다.

4 '환자 치료에 우선순위를 정해야 한다'는 주장의 반대 이유가 <u>아닌</u> 것은 무엇인가요? (　　　)

① 질병의 복잡성 때문이다.
② 모든 인간은 똑같이 존엄하기 때문이다.
③ 의료진의 판단에 누구나 동의할 수 있기 때문이다.
④ 어떤 환자가 더 위급한지 판단하는 것은 매우 어렵기 때문이다.
⑤ 어떤 환자의 생명을 더 가치 있다고 판단하기 힘들기 때문이다.

5 ㉠~㉣ 중 다음 내용이 들어가기에 알맞은 곳은 어디인지 기호를 쓰세요.

( )

> '골든 타임'은 회복할 수 있는 최적의 시기를 말한다. 심근경색의 골든 타임은 1시간이다. 1시간 이내에 치료를 받으면 생명에 지장이 없지만, 그 이후에 치료를 받으면 생명을 잃을 수 있다.

6 이 글과 보기 글을 읽고 난 반응으로 알맞지 <u>않은</u> 것은 무엇인가요? ( )

> ┤ 보기 ├
>
> A씨는 사우나에서 쓰러진 동생을 급히 병원으로 옮겼다. 의료진은 A씨의 여동생을 진찰한 뒤 컴퓨터 단층 촬영 검사를 권했다. 이때 응급실에 심정지 상태인 응급 환자가 실려와 의료진들이 이 환자에게 급하게 달려갔다. 이 모습을 본 A씨는 갑자기 항의하기 시작했다. 위중한 환자를 먼저 치료하는 것이 원칙이라는 의료진의 설명에도 A씨의 폭언은 계속되었다.

① 의료진은 환자 치료에 우선순위가 있다는 입장이야.
② A씨의 행동은 의료진과 의견이 달라서 일어난 결과야.
③ A씨는 한정된 의료 자원에 대해서는 고려하지 않은 것 같아.
④ 의료진은 궁극적으로 죽어 가는 생명을 살리기 위해 행동한 거야.
⑤ A씨는 생명의 위급성에 따라 치료의 우선순위를 정해야 한다고 생각하고 있어.

> 📎 찬성과 반대 입장을 뒷받침할 수 있는 타당한 근거를 들어 의견을 제시해야 해요.

7 '환자 치료에 우선순위를 정해야 한다'는 주제에 대해 찬성 혹은 반대 의견을 근거를 들어 써 보세요.

나는 '환자 치료에 우선순위를 정해야 한다'는 의견에 _____ 한다.

_____

_____

_____

3
주차 에서 우리는

11 시에 나타난 경험

시에는 말하는 이가 겪은 일이 담겨 있어요. 시에서 말하는 이가 겪은 일과 비슷한 경험을 떠올리며 시를 읽으면 말하는 이의 마음을 더 잘 이해할 수 있고, 시 내용도 더 가깝게 느낄 수 있어요.

✦**경험** 자신이 실제로 해 보거나 겪어 보는 것. 경험은 어떤 일을 몸으로 겪은 일과 책이나 영화처럼 다른 매체를 통해 간접적으로 겪는 일 모두를 말함.

✦**경험을 떠올리며 시를 읽는 방법**
- 시에서 경험을 나타낸 표현을 찾아 말하는 이가 어떤 일을 겪었는지 파악하기
- 시에 나타난 말하는 이의 마음 파악하기
- 시에 나타난 경험과 비슷한 자신의 경험 떠올리기

확인 문제를 풀어 보며 개념을 익혀요.

1~3 다음 시를 읽고, 시 내용과 비슷한 경험을 **보기**에서 찾아 번호를 쓰세요.

보기

① 방청소를 안 한다고 부모님께 꾸중 들은 경험

② 동생이 어려운 수학 문제를 물어봐서 알려 준 경험

③ 정성스럽게 기르던 꽃나무가 태풍으로 쓰러진 경험

1

여름에 오는 비는 나쁜 비야요.
굵다란 은젓가락
내리던져서
내가 만든
꽃밭을 허문답니다.

(   )

2

나는 학교 조그마한
학생이지만
집에 와선 두말없이
선생이란다
우리 동무 두 서넛을 데려다 놓고
1. 2. 3. 4. 가르치는
선생이란다

(   )

3

요—리조리 베면 저고리 되고
이—이렇게 베면 큰 총 되지
누나하구 나하구
가위로 종이 쏠았더니
어머니가 빗자루 들고
누나 하나 나 하나
볼기짝을 때렸소

(   )

소나기는 좋겠다

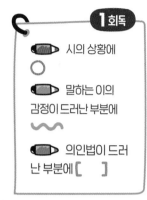
소나기는 좋겠다.
갑자기 시끄럽게 울어도 돼서.

소나기는 좋겠다.
원하는 만큼 짧게도 길게도 울 수 있어서.

소나기는 좋겠다.
울고 나면 **화창해질**˚ 슬픔이라서.

소나기는 좋겠다.
아무도 왜 우는지 묻지 않아서.

소나기는 좋겠다.
소나기는 좋겠다.

비 오는 **처마**˚ 아래 가만히 서서
우는 곁을 지켜 주는 사람 있어서.

● **화창**(和 화목할 화, 暢 화창할
창)**하다** 날씨나 바람이 온화하
고 맑다.

● **처마** 지붕이 도리 밖으로 내민
부분.

 **구조 읽기** 빈칸에 알맞은 낱말을 써넣으며 내용을 정리해 보세요.

정답 및 해설 24쪽

	1연	시끄럽게 울어도 돼서
	2연	원하는 만큼 울 수 있어서
말하는 이가 소나기를 부러워하는 까닭	**3연**	울고 나면 괜찮아질 ❶ ㅅ ㅍ 을 느껴서
	4연	아무도 왜 우는지 묻지 않아서
	5연, 6연	우는 걸 지켜 주는 ❷ ㅅ ㄹ 이 있어서

2 회독 빈칸을 채우지 못했다면 다시 읽어요!

1 이 시에 대한 설명으로 알맞은 것을 두 가지 고르세요. (,   )

① 말하는 이의 감정이 드러나 있다.

② 어린 시절의 경험을 회상하고 있다.

③ 시간적 배경이 구체적으로 드러나 있다.

④ 같은 문장을 반복하여 리듬을 만들어 내고 있다.

⑤ 대상의 모습을 의성어를 통해 생동감 있게 드러내고 있다.

2 이 시에 나타난 말하는 이의 마음이 <u>아닌</u> 것은 무엇인가요? (   )

① 시끄럽게 울고 싶다.

② 원하는 만큼 울고 싶다.

③ 울 때 누군가 곁을 지켜 주면 좋겠다.

④ 실컷 울고 나면 슬픔이 가실 것 같다.

⑤ 울어도 아무도 왜 우냐고 묻지 않으면 좋겠다.

3 이 시의 말하는 이가 겪었을 경험으로 알맞은 것을 **보기**에서 찾아 번호를 쓰세요.

┤ 보기 ├

① 처마 아래에서 소나기를 피했던 경험

② 누군가 내 소원을 들어 주기를 바랐던 경험

③ 울어도 사라지지 않을 깊은 슬픔을 느낀 경험

(   )

4 경험을 떠올리며 시를 읽고 좋았던 점을 알맞게 말한 친구의 이름을 쓰세요.

덕구: 처마 밑에서 소나기가 오는 것을 지켜보며 소나기를 부러워하고 있는 사람을 본 적이 없어서 떠올리기가 어려웠어.

세화: 이 시의 말하는 이가 소나기를 부러워하는 것은 공감이 안 되지만, 알려지지 않은 세계를 상상해 볼 수 있어서 좋았어.

지안: 시끄럽게 원하는 만큼 울고 싶지만 울지 못했던 경험을 떠올리며 시를 읽으니까 말하는 이의 마음이 잘 이해되었어.

(   )

5 이 시와 **보기** 시의 공통점을 알맞게 말한 친구의 이름에 ○표 하세요.

┤ 보기 ├

바람

방정환

바람은 이상해요.
귀신 같애요.
몸뚱이 안 보이는
도깨비야요.

이후후 소리치며
몰려와서는,
교장 선생 모자를
벗겨 가지요.

두 시 모두
말하는 이가 대상을
부러워하고 있어.

혜리

두 시 모두 대상을
다른 것에 빗대어서
표현하고 있어.

범희

두 시 모두 생명이
없는 존재를 생명이 있는
것처럼 표현했어.

윤빈

이 시에 나타난
경험 중에 내가 겪었던
것을 떠올려 써 보아요!

6 이 시를 읽고 떠오른 자신의 경험을 써 보세요.

12 설명 방법 - 나열

하나의 주제에 대하여 몇 가지 특징을 설명할 때 '나열' 방식을 사용해요. 나열 방식으로 설명한 글을 읽을 때는 설명 내용이 주제와 관련 있는지, 나열 짜임 표현을 썼는지 파악해요.

→ **나열** 죽 벌여 놓음이라는 뜻으로, 하나의 주제에 대하여 몇 가지 특징을 늘어놓는 설명 방식임.

　예 선인장의 특징, 지구가 둥글다는 여러 가지 증거 등

→ **나열을 드러내는 말** '첫째, 둘째, 셋째, 먼저, 다음으로, 끝으로' 등이 있음.

확인 문제를 풀어 보며 개념을 익혀요.

1~2 다음 빈칸에 들어갈 알맞은 말을 **보기**에서 찾아 쓰세요.

보기

| 특징 | 공통점 | 차이점 | 비교하면 | 첫째, 둘째, 셋째 | 반면에 |

1 하나의 주제에 대한 몇 가지 (   )을 벌여 놓는 것을 나열 이라고 한다.

2 나열을 드러내는 말에는 '(   ), 먼저, 다음으로, 끝으로' 등이 있다.

3~5 다음 중 나열 방법으로 쓰인 글에는 ○표 하고, <u>아닌</u> 것에는 ✕표 하세요.

3 갈대와 억새는 둘 다 볏과에 속한 여러해살이 풀이다. 하지만 갈대는 강이나 습지처럼 물이 있는 곳에서 자라고, 억새는 주로 산이나 들처럼 건조한 곳에서 자란다.

(   )

4 해태는 옳고 그름과 선과 악을 잘 판단하는 상상 속의 동물이다. 우리나라 사람들은 옛날부터 해태가 법을 지켜 준다고 믿었다. 그래서 조선 시대에는 법을 심판하는 사람이 해태가 그려진 모자를 썼다.

(   )

5 건조한 사막에 사는 식물은 여러 가지 특징을 갖고 있다. 첫째, 물의 증발을 막기 위하여 잎이 작거나 뾰족한 가시 모양이다. 둘째, 물을 많이 저장하기 위하여 줄기가 굵다. 셋째, 물을 잘 흡수하기 위하여 뿌리가 길다.

(   )

몸을 들썩이게 만드는 랩의 특징

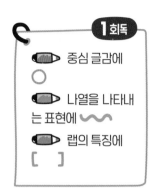

1회독

중심 글감에

나열을 나타내는 표현에

랩의 특징에
[ ]

1 랩(Rap)은 '빠르게 말하기(Rapping)'라는 말의 줄임말로 운율이 있는 가사를 리듬에 맞춰 빠르게 내뱉는 것이다. 랩이 언제 시작되었는지는 명확하지 않으나 1970년대부터 미국에 알려졌고, 흑인들이 많이 불렀다. 처음에는 사회를 비판하는 내용이나 삶의 애환을 담은 가사가 많았는데, 랩이 다른 나라로 퍼지면서 가사 내용도 다양해졌다. 랩은 보통의 노래와 다르고, 말하는 것과도 다르다. 그러면 랩에는 어떤 특징이 있을까?

2 먼저 꼽을 수 있는 랩의 특징은 '라임(Rhyme)'이다. 라임은 같거나 비슷한 발음을 반복하여 만들어 내는 리듬이다. 랩은 다른 음악에 비해 **멜로디**˚를 단순하게 나타내고, 그 대신 라임을 두드러지게 드러낸다. 아래 「쏘아」라는 곡의 랩 가사를 보면 '거북선'과 '판옥선' 그리고 '발포 전'과 '무한도전'처럼 같은 발음으로 끝나는 낱말을 사용하여 라임을 만들었다. 그리고 '즐겨'와 '모여'처럼 같은 모음으로 끝나는 낱말로 라임을 만들어 ㉠**통일감**˚을 주었다.

우린 거북선
아니 열두 명의 판옥선
천자총통은 발포 전
명랑힌 무한도전
딱히 진지할 필욘 없으니
충무공 역사 공부는
영화 한 번 더 보고
이 노래는 즐겨
이순신 동상 앞에서는 동장군이
오기 전에 하나로 모여

3 다음 랩의 특징은 '펀치 라인(Punch line)'이다. 펀치 라인은 듣는 이가 참신하다고 느낄 만한 구절을 말한다. 주로 ㉮비유나 ㉯동음이의어, ㉰**중의적**˚ 표현 등을 사용한 언어유희로 펀치 라인을 나타낸다. 위에서 살펴본 「쏘아」라는 곡에서도 펀치 라인을 찾아볼 수 있다.

난 새니까 날아가
영웅들아 나와라

- **멜로디** 음의 높낮이의 변화가 리듬과 연결되어 하나의 음악적 통합으로 형성되는 음의 흐름. 또는 음향의 형태.
- **통일감**(統 거느릴 통, 一 하나 일, 感 느낄 감) 여러 개의 사물이나 사건이 하나의 기준에 따라 일관되는 듯한 느낌.
- **중의적**(重 무거울 중, 義 뜻 의, 的 과녁 적) 한 단어나 문장이 두 가지 이상의 뜻으로 해석될 수 있는 것.

울돌목 바다와

현 시국은 다를 바가 없는 레드오션

'난 새니까 날아가'라는 구절을 발음해 보면 '**난세**˚니까 나라가'로도 들린다. '난 새'와 '난세'를 '날아가'와 '나라가'를 중의적으로 표현하였다. 나라가 어지러워 살기 힘드니까 영웅이 필요하다는 것을 언어유희로 '난 새니까 날아가'로 표현한 것이다.

4 마지막 특징은 '플로우(Flow)'이다. 플로우는 억양이나 ㉢**강세**˚, 속도 등으로 호흡을 조절하여 만들어 내는 리듬을 말한다. 플로우는 래퍼마다 다르기 때문에 래퍼의 ㉤지문이라고 할 수 있다. 윤동주의 '별헤는 밤'으로 만든 랩 「당신의 밤」에서 가수는 느린 플로우를 만들어 냈다.

별 하나에 추억과	당신의 시처럼 하늘을 우러러
별 하나에 사랑과	한 점 부끄러움이 없길
별 하나에 쓸쓸함과	당신의 삶처럼 모든 죽어가는 것을
별 하나에 동경	사랑할 수 있길
별 하나에 시와	
별 하나에 어머니	

- **난세**(亂 어지러울 난, 世 인간 세) 전쟁이나 무질서한 정치 따위로 어지러워 살기 힘든 세상.
- **강세**(强 강할 강, 勢 형세 세) 연속된 음성에서 어떤 부분을 강하게 발음하는 일.

구조 읽기 빈칸에 알맞은 낱말을 써넣으며 내용을 정리해 보세요.

정답 및 해설 (26쪽)

랩의 개념	운율이 있는 가사를 리듬에 맞춰 빠르게 내뱉는 것.
랩의 특징	같거나 비슷한 발음을 반복하는 ❶ ㄹ ㅇ 이 두드러지게 드러남.
	듣는 이가 참신하다고 느낄 만한 구절인 ❷ ㅍ ㅊ ㄹ ㅇ 이 있음.
	억양이나 강세, 속도 등으로 호흡을 조절하여 만들어 내는 리듬인 ❸ ㅍ ㄹ ㅇ 가 있음.

2 회독 빈칸을 채우지 못했다면 다시 **꼼꼼히** 읽어요!

1 이 글의 내용과 일치하지 <u>않는</u> 것은 무엇인가요? (   )

① 랩은 다른 음악에 비해 멜로디를 단순하게 나타내는 편이다.

② 래퍼들은 랩의 흐름을 만들기 위해서 정해진 플로우를 사용한다.

③ 펀치라인은 비유나 동음이의어, 중의적 표현 등으로 나타낼 수 있다.

④ 랩 가사에는 사회를 비판하는 내용이나 삶의 애환을 담은 것이 많았다.

⑤ 랩 가사에 비슷한 발음으로 끝나는 단어를 반복하면 통일감을 줄 수 있다.

2 ㉠~㉤의 뜻이 문맥에 알맞지 <u>않은</u> 것은 무엇인가요? (   )

① ㉠: 여러 개의 사물이나 사건이 하나의 기준에 따라 일관되는 듯한 느낌.

② ㉡: 소리는 같으나 뜻이 다른 낱말.

③ ㉢: 한 단어나 문장이 두 가지 이상의 뜻으로 해석될 수 있는 것.

④ ㉣: 강한 세력이나 기세.

⑤ ㉤: 손가락 끝마디 안쪽에 있는 살갗의 무늬.

3 이 글의 설명 방식으로 알맞은 것에 ○표 하세요.

(1) 랩의 발전 과정을 시간 순서에 따라 설명하고 있다. (   )

(2) 랩 음악의 몇 가지 특징을 늘어놓으며 설명하고 있다. (   )

(3) 힙합과 랩의 공통점과 차이점을 중심으로 설명하고 있다. (   )

4 이 글에서 글의 짜임을 드러내는 말을 찾아 빈칸에 쓰세요.

	2 문단	**3** 문단	**4** 문단
글의 짜임을 드러내는 말			

5 다음 랩 가사를 보고 알맞은 반응을 보인 친구의 이름을 쓰세요.

> 애민정신이 창제한 훈민정음 없었다면 과연 이 가사는 어떻게 나왔을까 한 번 더 나의 우상 나의 영웅 나의 왕 나라는 사람보다 나라를 더 사랑한 화폐나 교과서에 새겨 넣은 걸로 존경을 다 표했다고 감히 말할 수 있을까
>
> — 정준하, 지코「지칠 때면」가사 中

민수: 가사에 독특한 발음이 담겨 있어 색다른 플로우가 느껴져.

지연: 비유적 표현을 써서 펀치 라인을 만든 것이 인상적으로 느껴져.

수현: 발음은 같지만 뜻이 다른 '나라'라는 낱말을 써서 라임을 만들어 냈어.

(   )

6 ㉠를 활용해 랩의 펀치 라인을 만든 친구 이름에 ○표 하세요.

달만 보면 호빵 같다던 호빵같이 둥근 친구. 마음도 둥글 몸도 둥글.

보리

네모난 컴퓨터 안에 갇힌 모난 생각들. 모난 돌 되어 정 맞지.

강두

아직도 꿈을 꾸냐고? 나는 한 번도 꿈을 꿔 본 적 없는걸.

두나

> 랩 가사에는 자신의 생각이나 삶을 담을 수도 있고, 사회에 대한 생각을 담을 수도 있어요.

7 '랩'의 세 가지 특징 중 한 가지를 고르고, 그 특징을 담아 '랩' 가사를 써 보세요.

라임		펀치 라인		플로우	

13 언어의 역사성과 창조성

우리가 사용하는 언어에는 여러 가지 특징이 있는데, 그중에서 언어의 역사성은 언어를 살아 있는 생명체처럼 성장하게 하거나 소멸하게 만들고, 창조성은 언어를 풍성하게 만들어 주어요.

언어의 역사성 시간의 흐름에 따라 언어가 변하고 새로 생기고 사라지는 언어의 특징

  예 '어여쁘다'는 '불쌍하다'는 뜻에서 '예쁘다'는 뜻으로 변함.

  '편의점', '인터넷', '와이파이' 같은 말이 새로운 공간이나 기술이 나오면서 생겨남.

언어의 창조성 한정된 문자와 말소리로 무수히 많은 낱말을 만들 수 있고, 낱말의 나열을 통해 아주 많은 문장을 새로 만들 수 있다는 언어의 특징

  예 꽃, 나비, 날다 ➡ 나비가 꽃 위를 날다, 꽃에서 나비가 날아올랐다. 등

1~4 다음 내용은 언어의 어떤 특징을 설명하기 위한 예인지 보기에서 찾아 쓰세요.

보기

언어의 역사성   언어의 창조성

1 옛날에는 '믈'이었던 낱말이 '물'로 바뀌었고, '불휘'는 '뿌리'로, '됴타'는 '좋다'로 바뀌었다.

(   )

2 한글은 19개의 자음과 21개의 모음으로 무수히 많은 낱말과 문장을 만들어 낼 수 있다.

(   )

3 '밥 주세요'라는 말을 배우면 '따뜻한 밥 주세요', '빵 주세요', '숟가락 주세요' 등으로 다양하게 말을 만들어 낼 수 있다.

(   )

4 옛날에는 많이 사용했던 백이라는 뜻의 '온', 천이라는 뜻의 '즈믄', 강이라는 뜻의 '가람' 등은 지금은 잘 쓰지 않는 말이 되었다.

(   )

바뀌고 생기고 사라지는 말

1회독

- 중심 글감에
- 중심 문장에
- 언어의 역사성 과 창조성의 사례에
  [   ]

아저씨, 제가 핸드폰을 잃어버려서 그러는데 핸드폰 좀 빌려 주실 수 있으세요?

그게 무엇이냐? 하늘이 어드븐 걸 보니 비가 올 것 같구나. 어서 집에 들어가거라.

　우리가 조선 시대로 시간 여행을 간다고 상상해 보세요. 거기서 만나는 사람에게 '핸드폰', '네티즌', '인터넷', '편의점' 같은 말을 쓰면 상대방이 알아들을 수 있을까요? 반대로 조선 시대 사람이 '어드븐(어두운)', '하늘(하늘)' 같은 말을 쓰면 우리는 그 뜻을 알 수 있을까요? 옛날에 사용했던 말과 지금 우리가 사용하는 말은 아주 달라요. 이는 언어가 '역사성'과 '창조성'을 갖고 있어서 시간의 흐름에 따라 변하거나 사라지기도 하고, 또 상황에 따라 새로운 말이 만들어지기도 하기 때문이에요.

　언어의 역사성은 언어가 시간의 흐름에 따라 끊임없이 사라지고 새로 생기고 변하는 것을 말해요. 언어가 변하는 까닭은 예전에는 없던 말이 새로 생겨 널리 사용되기도 하고, 사라지기도 하고, 낱말의 소리나 형태, 의미가 달라지기도 하기 때문이에요. **불과** 30여 년 전만 해도, 우리말에 '스마트폰', '와이파이', '누리꾼' 같은 말은 없었어요. 그런데 사람들이 디지털 기기를 많이 사용하고 사이버 공간에서 많이 활동하면서 이와 관련한 많은 말이 새로 생긴 거예요. 그리고 ㉠옛날에는 꽃을 '곶', 뿌리를 '불휘', 코를 '고'라고 썼어요. 같은 말인데 말의 소리와 **형태**가 시간이 지나면서 변한 거예요. 또한 낱말이 나타내는 의미가 달라지거나 넓어지는 경우도 있어요. ㉡'어여쁘다'는 옛날에는 '불쌍하다'는 뜻이었는데, 오늘날에는 '예쁘다'는 뜻으로 변했고, ㉢'세수'는 손을 씻는다는 의미만 있었는데, 지금은 의미가 넓어져 손이나 얼굴을 씻는다는 의미가 되었어요. 이처럼 언어도 **생명체**처럼 새로 생겨나기도 하고 사라지기도 하며 끊임없이 변한답니다.

- **불과**(不 아닐 불, 過 지날 과) 그 수량에 지나지 아니한 상태임을 이르는 말.
- **형태**(形 형상 형, 態 모양 태) 사물의 생김새나 모양.
- **생명체**(生 날 생, 命 목숨 명, 體 몸 체) 생명이 있는 물체.

언어의 창조성은 한정된 글자와 말소리로 새로운 낱말이나 문장을 무한히 만들어 낼 수 있는 언어의 특징이에요. ⓔ'꽃'이라는 낱말 하나로 꽃무늬, 꽃받침, 웃음꽃 등 다양한 낱말을 만들 수 있고, '나무', '바람', '분다'라는 낱말로 '바람이 부니 나무가 춤 춘다', '바람이 불면 나무가 흔들린다' 등으로 다양한 문장을 만들어 낼 수 있어요. 그리고 ⓜ신조어˚를 만들어 내기도 해요. '한류'는 우리나라의 대중문화가 외국에서 유행하는 현상을 가리키는 말로, 1990년대 말부터 우리나라 대중문화가 외국에서 인기를 끌면서 만들어진 신조어예요. 신조어는 그 당시의 사회 상황을 담고 있어요. 하지만 모든 신조어가 꾸준히 생명력을 갖는 것은 아니에요. 국립국어원에 따르면 신조어 10개 중 7개는 10년 안에 자연스럽게 사라진다고 해요. 서울대 언어학과 권재일 교수는 성공한 신조어는 '특정 집단에만 속해 있지 않고 일반인에게 널리 쓰이며 저항감˚ 없이 쓰이는 것'이라고 했어요. 언어의 창조성은 언어를 확장시켜 언어문화를 풍요롭게 만들어 주지만 언어를 지나치게 변형하거나 갈등을 일으키는 언어를 만들어 내는 것은 위험해요.

- **신조어**(新 새 신, 造 지을 조, 語 말씀 어) 새로 생긴 말. 또는 새로 귀화한 외래어.
- **저항감**(抵 막을 저, 抗 겨룰 항, 感 느낄 감) 육체적 또는 정신적으로 저항을 받는 느낌.

 **구조읽기** 빈칸에 알맞은 낱말을 써넣으며 내용을 정리해 보세요.

정답 및 해설 28쪽

언어는 '역사성'과 '창조성'이라는 특징을 가지고 있음.

언어의 역사성	언어의 ② ㅊ ㅈ ㅅ
언어는 ① ㅅ ㄱ 의 흐름에 따라 끊임없이 사라지고 새로 생기고 변한다는 특징	언어는 한정된 글자와 말소리로 새로운 낱말이나 문장을 만들어 낼 수 있다는 특징

2 회독 빈칸을 채우지 못했다면 다시 **꼼꼼히** 읽어요!

13. 언어의 역사성과 창조성 **89**

1 이 글의 중심 내용으로 알맞은 것은 무엇인가요? ( )

① 우리말의 변천사
② 언어가 지닌 특징
③ 언어가 생겨나는 과정
④ 우리말을 지켜야 하는 까닭
⑤ 언어를 잘 배울 수 있는 방법

2 이 글의 내용과 일치하는 것에 ○표 하세요.

(1) 언어는 시간이 흐르면서 계속해서 변한다. ( )
(2) '한류'라는 낱말은 1980년대 말부터 쓰였다. ( )
(3) 한 번 만들어진 말은 시간이 지나도 사라지지 않는다. ( )
(4) 글자가 한정적이면 새로운 낱말을 만드는 데 한계가 있다. ( )

3 다음 중 '언어의 창조성'을 보여 주는 예로 가장 알맞은 것은 무엇인가요?
( )

① '나는 밥이 믹는다.'는 우리말의 규칙에 맞지 않다.
② '비'를 한국어로는 [비], 영어로는 [레인]이라고 한다.
③ '입'을 '귀'라고 부르면 의사소통에 어려움을 겪게 된다.
④ '강'을 뜻하는 '가람'이라는 낱말을 지금은 거의 쓰이지 않는다.
⑤ '안녕'이라는 낱말로 '안녕하세요.', '안녕히 계세요.' 등의 다양한 말을 만
든다.

4 ㉠~㉢ 중 **보기** 내용과 비슷한 사례를 골라 기호를 쓰세요.

┤ 보기 ├
'다리'는 사람과 짐승의 다리만을 의미했었는데, 지금은 무생물의 다리까
지도 포함한다.

( )

5 다음 자료를 통해 알 수 있는 사실에 ○표 하세요.

▲ 용비어천가

(1) 신조어는 그 당시 사회 상황을 담고 있다. (   )

(2) 언어의 형태는 시간이 지남에 따라 변한다. (   )

(3) 언어를 지나치게 변형하면 갈등을 일으킨다. (   )

6 이 글의 내용을 알맞게 이해하지 <u>못한</u> 친구의 이름을 쓰세요.

> 붕택: 조선 시대 사람들과 대화한다면 못 알아 듣는 말이 많을 것 같아.
> 운학: 지금 우리가 쓰는 신조어는 시간이 흐르고 시대가 바뀌어도 거의 사라지지 않고 계속 쓰일 것 같아.
> 시하: 한정된 문자와 말소리로 무수히 많은 표현을 만들어 낼 수 있는 언어의 특징 때문에 아름다운 시와 재미있는 이야기가 만들어지는 것 같아.

(   )

> 언어는 사회·문화의 변화에 따라 새로운 말이 생기기도 하고, 지금 있는 말이 사라지기도 한다는 걸 기억해요!

7 앞으로 사라질 것 같은 말을 떠올려 까닭과 함께 써 보세요.

앞으로 사라질 것 같은 말은 _____ 이다. 그 까닭은

_____

_____

_____

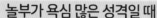

14 인물의 성격과 사건 전개

놀부가 욕심 많은 성격일 때

욕심 많은 놀부가 착한
동생 흥부를 내쫓았다.

흥부는 제비 다리를 고쳐주고 복을 받고,
샘이 난 놀부는 제비 다리를 부러뜨렸다.

놀부는
벌을 받았다.

놀부가 욕심 없고 선한 성격일 때

맘씨 좋은 놀부와 흥부 형제가
사이좋게 지냈다.

놀부와 흥부는 제비 다리를 고쳐 주고 받은
재물을 어려운 이웃에게 나누어 주었다.

형제는 왕의 부름을 받고
높은 벼슬 자리에 올랐다.

개념
사전

　　흥부 놀부 이야기를 통해 살펴본 것처럼 인물의 성격은 사건 전개와 관계가 깊어요. 인물의
성격이 달라지면 사건 전개도 달라질 수 있지요. 인물의 성격은 사건의 전개를 이해하는 데 중
요한 실마리가 된답니다.

✛인물의 성격 인물이 가지고 있는 고유의 성질이나 품성으로 사건 전개에 큰 영향을 미침.

　　예 심청이 효성이 깊은 아이가 아니었다면 아버지를 위해 인당수에 빠지는 사건이 발생하
　　지 않았을 것이다.

✛사건 전개 이야기에서 일이 일어나는 흐름을 말함.

짧은 글로 개념 확인

확인 문제를 풀어 보며 개념을 익혀요.

1~2 **다음 괄호 안에 들어갈 말로 알맞은 것에 ○표 하세요.**

1 인물이 가지고 있는 고유의 성질이나 품성을 (성격 , 사건)이라고 한다.

2 이야기에서 일이 일어나는 흐름을 사건 (전개 , 기록)(이)라고 한다. 인물의 성격이 이것에 영향을 미친다.

3~4 **인물의 성격에 어울리게 사건이 전개된 것을 찾아 선으로 이으세요.**

3 자린고비는 지독히 인색한 구두쇠이다. •

• ① 자린고비는 생선은 사지 않고 주무르기만 했다. 그러고는 생선 만진 손을 물에 씻고 며느리에게 그 물로 국을 끓이라고 했다.

• ② 자린고비는 생선 장수에게서 큰 명태를 샀다. 그러고는 며느리에게 명태국을 끓여 이웃에게 대접하라고 했다.

4 창남은 선하고 희생적이다. •

• ① 집 전체가 불에 타 벌거벗은 이웃에게 양복 바지를 내어 주고, 추워서 떠는 어머니에게 셔츠와 버선을 벗어드린다.

• ② 웃옷을 왜 안 입었냐고 야단치는 선생님에게 대들고, 교실 문을 박차고 뛰쳐나가 운동장에서 소리를 지른다.

정답 1 성격 2 전개 3 ① 4 ①

순례 주택
글 유은실

순례 주택

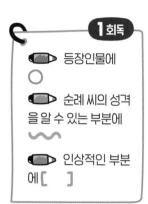

1회독

🔖 등장인물에 ⬭
○

🔖 순례 씨의 성격
을 알 수 있는 부분에
〰️

🔖 인상적인 부분
에 [ ]

㉠402호에 건물주 김순례 씨(75세)가 산다. 스물에 결혼하고, 서른다섯에 이혼했다. **슬하**˙에 아들이 하나 있다. 이혼 후 연애를 몇 번 했다. 재혼은 하지 않았다.

순례 씨는 유능한 **세신사**˙였다. 때를 밀고 마사지해 달라는 손님이 줄을 섰다. 재능을 알고 시작한 건 아니었다. 혼자 아이를 키우며 살아 보려고 뛰어든 일이었다. 마흔다섯 살에 '구舊 순례 주택'(순례 주택 자리에 있던 1층 양옥집)을 샀다. 순례 씨는 그 집을 '때탑'이라고 불렀다. <중략>

근처에 지하철역이 생기면서 때탑 시세가 배로 뛰었다. 너른 마당을 시에서 뚝 잘라 갔다. 도로를 확장한다고. 보상금이 꽤 많았다. 마음이 불편했다. ㉡땀 흘리지 않고 돈을 버는 건 순례 씨 스타일이 아니었다. 십 년 전 때탑을 허물고 '현現 순례 주택'을 지었다. 임대료는 시세를 따라 정하지 않았다. 살아가는 데 필요한 만큼만 받았다.

1층 상가엔 십 년째 '조은영 헤어'가 입점해 있다. 원장 조은영 씨(47세)는 유일한 '더블 입주자'다. 1층은 미용실, 202호는 살림집.

"제가 어린 남매를 혼자 키우는데, 미용실 차리고 나니 돈을 더 빌릴 데도 없어요. 죄송하지만 **보증금**˙ 없이 살림집 하나 월세로 주실 순 없을까요?"

십 년 전, 서른일곱의 조 원장이 순례 씨에게 부탁했다. ㉢순례 씨는 흔쾌히 집을 내줬다. 보증금을 못 냈지만 월세를 더 받진 않았다. 조 원장은 이 년 만에 보증금을 채웠다. 삼 년 후엔 202호로 옮겼다. 202호는 방이 세 개라, 남매에게 하나씩 줄 수 있었다.

㉮

㉣조 원장이 자주 하는 말이다. 감사를 담아 여러 번 '무료 염색 및 파마'를 제안했다. 순례 씨는 번번이 **손사래**˙를 쳤다. <중략>

302호엔 홍길동 씨(66세)와 남편이 산다. 길동 씨는 순례 씨 전 직장 동료다. '구 순례 주택' 때부터 **별채**˙에 세를 살았다.

길동 씨 본명은 이군자(君子)다. '임금 같은 아들'을 기다리던 부모가, '남동생을 보라'는 뜻으로 지었다. 군자 씨는 이 년 전 요양보호사 필기시험을 보면서 생전 처음 OMR카드를 작성했다. 학원에서 연습을 했지만 무척 긴장됐다. 이름 예로 '홍길동'이 나왔는데, 자기 이름을 '홍길동'이라고 작성해 버렸다.

"내가 공부를 얼마나 열심히 했는데."

● **슬하**(膝 무릎 슬, 下 아래 하) 무릎의 아래. 주로 부모의 보호를 받는 테두리 안을 이름.

● **세신사**(洗 씻을 세, 身 몸 신, 師 스승 사) 목욕탕에서 목욕하는 사람의 때를 밀어 주는 일을 직업으로 하는 사람.

● **보증금**(保 지킬 보, 證 증거 증, 金 쇠 금) 계약을 하거나 돈을 빌릴 때 약속을 지킨다는 뜻으로 내는 돈.

● **손사래** 어떤 말이나 사실을 부인하거나 남에게 조용히 하라고 할 때 손을 펴서 휘젓는 일.

● **별**(別 나눌 별)**채** 본채와 별도로 지은 집.

속상해서 울었다. OMR카드와 **컴싸**˙를 구입해 '이군자' 작성을 연습하며 재수를 준비하던 때 합격 소식이 날아들었다. 무척 기뻤다. 순례 주택 사람들을 옥탑방으로 불러 족발을 샀다.

"학원 선생 말로는, 자기 이름 홍길동이라고 쓴 사람이 꽤 있대. 홍길동들을 추적해 갖고 점수가 되면 합격시켜 준다네."

"아직도 홍길동을 빙자하는 인간이 많구나. 야, 홍길동."

순례 씨가 웃으며 말했다. 군자 씨는 '홍길동'이 마음에 들었다.

"내가 순례 언니 **개명**˙할 때 좀 부러웠는데, 그거 괜찮네. 이제 나는 홍길동이다. 길동 씨라고 불러 줘."

"아, 순례 씨 개명하셨구나. 개명한 이름이 뭐예요?" 조 원장이 물었다.

"김순례."

순례 씨가 대답했다.

"엥? 바꾼 이름이 김순례라고요?"

"응."

"원래 이름은?"

"김순례."

ⓓ순례 씨는 개명을 했다. '순하고 예의바르다'는 뜻의 순례(順禮)에서 **순례자**˙(巡禮者)에서 따온 순례(巡禮)로, 나머지 인생을 '지구별을 여행하는 순례자'라는 마음으로 살고 싶어서.

- **컴싸** 컴퓨터 싸인펜을 줄여서 부르는 말.
- **개명**(改 고칠 개, 名 이름 명) 이름을 고침. 또는 그 이름.
- **순례자**(巡 순행할 순, 禮 예절 예, 者 놈 자) 종교적인 목적으로 여러 성지를 돌아다니는 사람.

빈칸에 알맞은 낱말을 써넣으며 내용을 정리해 보세요.

정답 및 해설 30쪽

김순례 씨는 현 ❶ [ㅅ][ㄹ] [ㅈ][ㅌ] 을 짓고 402호에 삶.

1층 상가와 202호에는 더블인 조 원장의 미용실과 살림집이 있음. ❷ [ㅇ][ㅈ][ㅈ]

302호에는 홍길동 씨와 남편이 삶.

순례 씨는 십년 전 조 원장에게 보증금 없이 월세를 주고도 월세를 더 받지 않았음.

길동 씨는 자신의 의지에 따라 ❸ [ㄱ][ㅁ]한 순례 씨가 부러워 가명을 지음.

2회독 빈칸을 채우지 못했다면 다시 꼼꼼히 읽어요!

1 이 이야기의 말하는 이에 대한 설명으로 알맞은 것은 무엇인가요? (   )

① 주인공이 자신의 이야기를 말하고 있다.

② 이야기 밖에서 인물의 생각과 마음을 직접 말하고 있다.

③ 이야기 밖에서 인물의 말과 행동만 객관적으로 말하고 있다.

④ 이야기 속에 등장하여 인물의 생각과 마음을 직접 말하고 있다.

⑤ 이야기 속 인물인 '나'가 관찰한 주인공의 이야기를 말하고 있다.

2 이 글의 내용과 일치하면 ○표, 일치하지 않으면 ✕표 하세요.

(1) 조은영 원장은 미용실을 하면서 두 아이를 혼자 키운다. (   )

(2) 김순례 씨는 세신사 일로 돈을 벌어 순례 주택을 지었다. (   )

(3) 홍길동 씨는 요양보호사 필기 시험에 이름을 잘못 써서 불합격했다.

(   )

3 ㉠~㉤ 중 순례 씨의 성격이 드러난 부분이 아닌 것은 무엇인가요? (   )

① ㉠   ② ㉡   ③ ㉢

④ ㉣   ⑤ ㉤

4 순례 씨의 성격에 따른 사건 전개로 알맞은 것을 찾아 선으로 이으세요.

(1) 주체적이고 실행력이 있음. • → ① 조 원장이 보증금 없이 순례 주택에 들어와 살게 함.

(2) 올곧고 욕심이 많지 않음. • → ② 임대료를 살아가는 데 필요한 만큼만 받음.

(3) 형편이 어려운 사람을 배려하고 베풂. • → ③ '순례자'에서 따온 '순례'로 개명함.

5 ㉠에 들어갈 알맞은 말은 무엇인가요? (   )

① "보증금이 없는 만큼 집이 너무 낡았어요."
② "우리 식구는 순례 주택을 딛고 일어섰어요."
③ "우리가 처음으로 순례 주택에 들어 왔어요."
④ "순례 주택에서 쫓겨 나면 우리는 큰일 나요."
⑤ "순례 주택에서 우리 집 월세가 가장 비싸요."

6 순례 씨를 소개한 다음 글의 빈칸에 들어갈 말로 알맞은 것은 무엇인가요?
(   )

> 평생 때를 밀어 재산을 일군 세신사 순례 씨는 순례 주택의 건물주이다. 나머지 인생을 '지구별을 여행하는 순례자'라는 마음으로 살고 싶어 개명까지 한 순례 씨는 _____이다.

① 젊은 사람들로부터 존경받기 힘든 인물
② 시대와 유행을 앞서 나가는 개성 있는 인물
③ 걱정과 근심 없이 하루하루를 살아가는 인물
④ 끊임없이 성찰하며 주체적으로 살아가는 인물
⑤ 자신의 삶을 다른 사람에게 의지하여 살아가는 인물

등장인물의 성격과 사건 전개의 연관성이 잘 드러나게 쓰세요.

7 순례 씨의 성격이 달랐다면 사건이 어떻게 전개되었을지 상상하여 쓰세요.

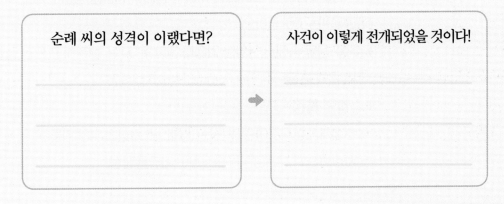

순례 씨의 성격이 이랬다면?

사건이 이렇게 전개되었을 것이다!

15 수필의 특징

수필은 붓 가는 대로 쓰는 글이라는 별명처럼 형식에 얽매이지 않고 자유롭게 쓴 글이어서 글쓴이의 개성이 잘 드러나요. 수필은 글쓴이가 글을 통해 전하고자 하는 것이 무엇인지 파악하면서 읽는 것이 좋아요.

✦**수필** 생활 속에서 경험한 것이나 알게 된 사실, 생각하고 느낀 점을 형식에 얽매이지 않고 자유롭게 쓴 글

✦**수필의 특징**

• 소설처럼 상상하여 꾸며 쓰는 게 아니라 자신이 겪은 일을 씀.

• 자신의 느낌이나 감정을 솔직하고 자유롭게 씀.

확인 문제를 풀어 보며 개념을 익혀요.

1~3 **한 가지 주제에 대한 두 가지 형식의 글 중에서 수필을 찾아 ○표 하세요.**

1 (1) **기자:** 케이팝은 세계적으로 인기를 끌기 시작한 한국 대중음악입니다. 아이돌 그룹을 중심으로 화려한 퍼포먼스를 선보이는 것이 특징입니다.

( )

(2) 나는 최근에 케이팝에 관심을 갖기 시작했다. 케이팝의 화려한 퍼포먼스와 중독성 있는 노래에 푹 빠져 버렸다. 외국인들이 왜 케이팝에 열광하는지 알 것 같다.

( )

2 (1) 전자책이 불편하다고 생각하는 사람도 많다. 하지만 내가 실제로 써 보니 많은 책을 담을 수 있고, 기억하고 싶은 문장을 저장할 수도 있어서 좋았다.

( )

(2) **전자책:** 문자나 이미지 같은 정보를 전자 매체에 기록하여 책처럼 이용하는 것이다. 종이책보다 휴대하기 편하고, 더 많은 책을 저장해 놓고 볼 수 있다.

( )

3 (1) 마녀는 돌풍을 일으키기 시작했다. 그러자 나무가 뿌리째 뽑혀 날아가고 집들이 완전히 부서져 버렸다. 미르가 소리쳤다.
"마녀가 마법을 부리고 있어."

( )

(2) 바람이 너무나 세게 몰아쳤다. 나무도 뿌리째 뽑혀 날아갈 정도로 거센 바람이었다. 이렇게 거센 돌풍은 태어나서 처음 경험했다.

( )

식물학자의 노트

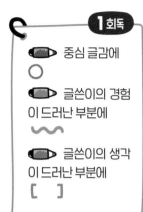

1 회독

중심 글감에
○

글쓴이의 경험
이 드러난 부분에
〰️

글쓴이의 생각
이 드러난 부분에
〔   〕

1 "한창 피어 퍼드러진 노란 동백꽃 속으로 폭 파묻혀 버렸다. 알싸한 그리고 향긋한 그 냄새에 나는 땅이 꺼지는 듯이 온 정신이 고만 아찔하였다."

여러분도 잘 아시는 김유정의 소설 「동백꽃」의 한 구절입니다. 이 구절을 읽으면서 혹시 탐스러운 붉은 꽃잎으로 봄을 알리는 동백꽃을 떠올리진 않으셨나요? 하지만 글귀에서도 알 수 있듯 노란색 꽃잎을 가지고 알싸한 향을 내는 동백꽃은 우리에게 다른 이름으로 알려진 식물입니다. 바로 생강나무인데요, 강원도 사람들은 이 생강나무를 동백나무라고 부릅니다. 중학교 국어시간에 국어 선생님이 김유정의 소설을 소개하시며 동백꽃을 설명하셨는데, 저는 수업이 끝나고 선생님께 찾아가 소설에서 나오는 식물은 우리가 아는 동백꽃이 아니라 생강나무의 꽃이라고 말씀드렸습니다. 지금 생각하면 조금 당돌한 행동 같기도 한데 다행히 국어 선생님은 자신이 잘 몰랐는데 알려줘서 고맙다고 말씀해 주셨죠.

2 생강나무를 강원도에서 동백나무라고 부르는 이유는 옛사람들이 머릿기름으로 써왔던 동백기름과 관련이 있습니다. 동백기름은 동백나무 씨앗에서 추출한 기름입니다. 따뜻한 지역에서 자라는 동백나무는 강원도에서 볼 수 없는 식물이고,

▲ 생강나무꽃

동백기름 또한 구하기 쉽지 않았습니다. 그래서 강원도에서는 생강나무 씨앗에서 기름을 추출해 동백기름처럼 사용했고, 이것이 강원도에서 생강나무가 동백나무로 불리게 된 이유입니다. <중략> 한편 생강나무라는 이름 때문에 이 나무의 뿌리가 우리가 먹는 생강이라고 착각하기 쉽습니다. 그러나 동백나무와 생강나무처럼 생강나무와 생강도 전혀 관련이 없는 식물입니다.

3 생강은 생강과의 **초본식물**˚로 키 작은 대나무 비슷한 형태로 **나란히맥**˚을 가진 잎들이 달립니다. 그 뿌리를 캐서 요리나 차로 만드는 것이지요. 생강나무에 생강이라는 이름이 붙은 이유는 생강나무 잎이나 줄기 등을 뜯으면 거기에

● **초본식물**(草 풀 초, 本 근본 본, 植 심을 식, 物 물건 물) 지상부가 연하고 물기가 많아 목질을 이루지 않는 식물을 통틀어 이르는 말.

● **나란히맥**(脈 혈맥 맥) 식물 잎의 잎맥이 나란한 모양을 이루고 있는 것으로, 주로 외떡잎식물의 잎에서 볼 수 있음.

서 생강 향이 나기 때문입니다. 생강나무 꽃은 생강보다는 좀 더 부드럽고 단 향기가 나는데 봄에 꽃을 **채취**˙해 말려 생강나무 꽃차를 만들어 마시기도 합니다.

<중략>

4 이런 식물의 한국 이름 **작명**˙에는 재미있고 정겨운 면도 있지만, 한편으로 인간 중심적인 이름 짓기란 생각도 듭니다. 식물의 입장에선 이 땅에 누가 먼저 뿌리내렸는지, 누가 누구를 닮았는지 아느냐고 불평할 수 있을지도 모르겠습니다. 그들의 관계를 규정한 건 결국 인간이니까요.

식물의 이름을 살펴보면 이름을 붙인 이유가 너무 단순하거나 가끔 미안할 정도로 우습기까지 한 것을 알게 됩니다. 지구에 함께 사는 하나하나의 **종**˙으로 대우하여 충분히 존중하고 이해하여 붙인 이름은 분명 아니라는 생각도 들지요.

5 우리는 인간관계 속에서 자신도 모르는 사이 상대를 자기중심적으로 규정하고 부르고 있진 않을까요? 그 사람을 충분히 바라보고 이해하여 섣불리 규정짓지 않는다면 누구든지 존중받을 수 있지 않을까 생각합니다.

- **채취**(採 캘 채, 取 가질 취) 풀, 나무, 광석 따위를 찾아 베거나 캐거나 하여 얻어 냄.
- **작명**(作 지을 작, 名 이름 명) 이름을 지음.
- **종**(種 씨 종) 사물의 부문을 나누는 갈래.

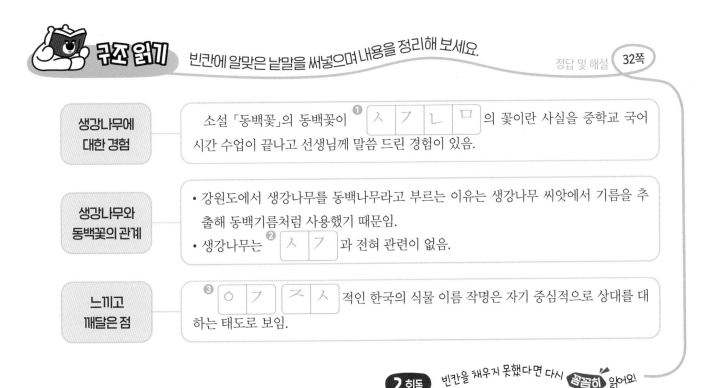

구조 읽기 빈칸에 알맞은 낱말을 써넣으며 내용을 정리해 보세요.

정답 및 해설 32쪽

생강나무에 대한 경험	소설 「동백꽃」의 동백꽃이 ❶ [ㅅ][ㄱ][ㄴ][ㅁ]의 꽃이란 사실을 중학교 국어 시간 수업이 끝나고 선생님께 말씀 드린 경험이 있음.
생강나무와 동백꽃의 관계	• 강원도에서 생강나무를 동백나무라고 부르는 이유는 생강나무 씨앗에서 기름을 추출해 동백기름처럼 사용했기 때문임. • 생강나무는 ❷ [ㅅ][ㄱ]과 전혀 관련이 없음.
느끼고 깨달은 점	❸ [ㅇ][ㄱ][ㅈ][ㅅ]적인 한국의 식물 이름 작명은 자기 중심적으로 상대를 대하는 태도로 보임.

2회독 빈칸을 채우지 못했다면 다시 **꼼꼼히** 읽어요!

1 이 글에서 글쓴이가 말하고자 하는 중심 생각을 찾아 ○표 하세요.

(1)

식물의 이름을 잘못 아는 사례가 많아서 안타까움.

( )

(2)

생강나무와 동백나무의 이름을 통해 깨달은 작명의 중요성.

( )

(3)

인간 중심적인 식물 이름 짓기를 통해 깨달은 존중의 중요성.

( )

2 이 글의 내용과 일치하지 <u>않는</u> 것은 무엇인가요? ( )

① 생강나무의 뿌리를 캐서 요리나 차로 만든다.

② 강원도에서는 생강나무를 동백나무라고 부른다.

③ 강원도에서는 생강나무 씨앗 기름을 동백기름처럼 사용해 왔다.

④ 따뜻한 지역에서 나는 동백나무는 강원도 지역에서 볼 수 없는 식물이다.

⑤ 생강나무 잎을 뜯으면 생강 향이 나기 때문에 생강이라는 이름이 붙었다.

3 이 글의 **1**~**5** 문단 중에서 글쓴이의 경험이 드러난 문단은 무엇인가요?

( )

① **1**문단 　② **2**문단 　③ **3**문단 　④ **4**문단 　⑤ **5**문단

4 다음 문장은 무엇을 나타낸 것인지 **보기**에서 알맞은 말을 찾아 각각 쓰세요.

┤ 보기 ├

생각이나 느낌 　　　 사실 　　　 경험

(1)

저는 수업이 끝나고 선생님께 찾아가 소설에서 나오는 식물은 우리가 아는 동백꽃이 아니라 생강나무의 꽃이라고 말씀드렸습니다.

( )

(2)

우리는 인간관계 속에서 자신도 모르는 사이 상대를 자기중심적으로 규정하고 부르고 있진 않을까요?

( )

5 이 글을 읽고 짐작할 수 있는 수필의 특징이 <u>아닌</u> 것은 무엇인가요?

( )

① 글쓴이의 가치관이 담겨 있다.
② 글쓴이가 겪은 일을 솔직하게 쓰는 글이다.
③ 일정한 형식에 따라 자유롭게 쓰는 글이다.
④ 글쓴이의 생각이나 느낌, 개성이 드러나 있다.
⑤ 일상생활과 주변의 상황이 모두 수필의 소재가 될 수 있다.

6 이 글을 읽은 반응으로 알맞지 <u>않은</u> 것을 찾아 번호를 쓰세요.

(1) 김유정의 소설 「동백꽃」의 제목을 「생강꽃」으로 바꿔야 할 것 같아.
(2) 식물의 이름을 지을 때도 식물을 지구에 사는 종으로 충분히 존중해야 할 것 같아.
(3) 인간 중심적 식물 작명처럼 인간관계 속에서도 자기중심적으로 상대를 대하지 않는지 반성했어.

( )

> 수필에는 자신만의
> 생각과 느낌이 담겨
> 있어야 해요!

7 식물 이름 유래에 대한 설명문을 수필 형식으로 바꿔서 써 보세요.

식물 이름에 '개—'가 붙을 때는 '가짜'라는 뜻이 담겨 있다. 원래 있던 종과 닮았지만, 그보다는 못하다는 의미이다. 개나리꽃도 나리꽃을 닮은 가짜 나리꽃이라고 해서 붙여진 이름이다.

4 주차 에서 우리는

16 배경의 역할

　　배경은 인물, 사건과 함께 이야기의 중요한 요소 중 하나예요. 배경은 이야기 속에서 인물이 활동하고 사건을 벌이는 구체적인 시간과 공간을 말하지요. 이야기 속 시간과 배경은 인물의 마음이나 사건 전개와 관련이 있으므로, 배경을 파악하며 읽으면 인물의 마음과 사건 전개 방향을 잘 알 수 있답니다.

✦**배경** 이야기에서 일이 일어나는 시간과 장소. '시간적 배경'과 '공간적 배경'이 있음.

· **시간적 배경**: 과거와 현재 또는 아침이나 저녁과 같이 그 이야기 속의 사건이 일어난 때. 즉, '언제'에 해당하는 것

· **공간적 배경**: 이야기 속의 사건이 일어난 장소. 즉, '어디에' 해당하는 것

1~4 시간적 배경이 드러나면 '시간', 공간적 배경이 드러나면 '공간'이라고 쓰세요.

1 몹시도 추운 겨울날이었습니다. ( )

2 어느 들에 어여쁜 나비가 한 마리 살고 있었습니다. ( )

3 높은 하늘에는 별만이 반짝반짝 아무 소리도 없는 고요한 밤중이었습니다. ( )

4 그 언덕 위에는 꿈에 보던 그 조그만 집이 있고, 뒤뜰에는 꿈에 앉았던 동백꽃이 피어 있었습니다. ( )

5~6 다음 글을 읽고, 괄호 안에 들어갈 알맞은 내용을 골라 ○표 하세요.

5 어젯밤에 갑자기 소방차 사이렌 소리가 들렸다. 소리가 점점 커지길래 창문을 열고 내다봤더니, 우리 아파트 상가 1층에서 연기가 피어오르고 있었다. 사람들이 몰려들어 우왕좌왕하는 사이로 소방차가 도착하여 호스로 물을 뿌렸다. 다행히 금방 불길이 잡혀 인명 피해는 없었다.

(1) 이 글의 (시간적 , 공간적) 배경은 어젯밤이다.
(2) 이 글의 (시간적 , 공간적) 배경은 아파트 상가이다.

6 지난 주말에 온 가족이 함께 동물원에 갔다. 덩치 큰 코끼리, 아름다운 공작새, 갈기가 멋진 사자 등을 가까이서 보니 무척 신기했다. 아기 낙타에게 먹이 주기 체험도 했는데, 낙타가 내 손을 물려고 해서 깜짝 놀랐다. 그때는 너무 무서웠지만, 지금은 낙타한테 먹이를 준 경험이 가장 기억에 남는다.

(1) 이 글의 시간적 배경은 (동물원 , 지난 주말)이다.
(2) 이 글의 공간적 배경은 (동물원 , 지난 주말)이다.

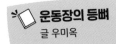

운동장의 등뼈

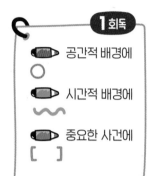

미리는 운동장 흙바닥을 파헤치고 있었습니다. 주먹 크기 정도의 하얗고 둥근 것이 보였습니다.

"뭐지?"

운동장 바닥에 단단히 박혀 있는 그것은 딱딱하고 반들반들하고 차가웠습니다. 미리가 커다란 앞니를 활짝 드러내며 말했습니다.

"나, 백 미터 달리기 예선 때 넘어져서 탈락했잖아. 그때 넘어지면서 이걸 발견했어. 넌 뭐라고 생각해?"

미리가 눈을 반짝이며 나를 바라보았습니다. 그 순간 멋진 생각이 떠올랐습니다.

"아주 오래전 누군가가 숨겨 둔 보물!"

나는 기억을 더듬듯 눈을 지그시 감았습니다.

"학교를 짓기 전에 여긴 커다란 연못이었어."

"그런데 왜 여기에 연못이 있었을까?"

미리가 고개를 갸웃거렸습니다.

"여기에 연못이 생긴 까닭, 그 까닭은 말이야······. 욕심 많은 부자 때문이었어."

"아, 장자못 설화! 작년에 담임 선생님이 이야기해 주신 거지?"

"그래. 으리으리한 기와집의 욕심 많은 부자가 **시주**˚ 받으러 온 스님을 내쫓았는데, 다음날 날벼락이 치면서 그 집은 땅속으로 가라앉고······."

"물이 차올라 엄청나게 커다란 연못이 된 거지? 그럼 혹시 이건 그 부잣집에 있던 도자기?" <중략>

"이건 비밀인데 말이야. 여기가 예전에 커다란 연못이었거든······ 엄청난 부잣집이 있었는데······ 부자가 욕심을 너무 부려서 벌을 받아서······ 집이 땅속으로 들어가고 연못이 되었는데 ······ 부잣집에 있던 보물 도자기가 묻혀서······."

정식이가 **이맛살**˚을 찌푸렸습니다.

"뭐라는 거야? 무슨 말인지 하나도 못 알아듣겠다. 그러니까 친구가 없지. 보물 열심히 찾아라."

그러더니 휙 돌아섰습니다.

나는 다시 운동장을 파기 시작했습니다. 눈물이 나올 것 같았습니다. 그런데 아! 구덩이 속에 하얗고 반들반들하고 둥근 것이 보였습니다.

"찾았다! 찾았어!"

● **시주**(施 베풀 시, 主 주인 주) 자비심으로 조건 없이 절이나 승려에게 물건을 베풀어 주는 일.

● **이맛살** 이마에 잡힌 주름살. 이마의 살.

나는 소리를 지르면서 팔짝팔짝 뛰었습니다.

그때였습니다. 지진이 난 것처럼 운동장이 쿨렁거리며 꿈틀꿈틀 움직였습니다.

"어, 어!"

정식이가 운동장 바닥에 꼬꾸라졌습니다.

정식이 앞으로 흰 눈을 뒤집어쓴 무엇인가가 천천히 몸을 일으켰습니다. 10층 건물 높이 정도 될 만큼 커다란 **거인**˚이었습니다. 눈가루가 운동장 가득히 펄펄 날렸습니다. 내 머리 위에도 가방 위에도 눈가루가 수북이 쌓였습니다.

거인은 운동장 한가운데 서서 허리를 굽혀 내 얼굴을 들여다보았습니다. 흙덩어리를 아무렇게나 뭉쳐 놓은 것 같은, 둥글둥글하고 울퉁불퉁하고 커다란 얼굴이 내 앞으로 쓱 다가왔습니다.

"누, 누, 누구세요?"

"나? 운동장. 가끔 이렇게 자세를 바꿔 줘야 해. 안 그러면 등이 아프거든. 너무 오래 엎드려 있었어."

운동장 거인은 팔을 높이 뻗어 기지개를 켰습니다. 우두두둑 소리가 났습니다. 한참 동안 목과 허리를 이리저리 돌리고, 다리를 굽혔다 폈다 했습니다.

그러더니 내 얼굴을 들여다보며 말했습니다.

"왜 요즘에는 아이들이 운동장에서 잘 놀지 않지? 내 등을 자주 밟아 줘. 그래야 시원하거든."

˚ **거인**(巨 클 거, 人 사람 인) 몸이 아주 큰 사람. 신화나 전설 따위에 나오는 초인간적인 거대한 인물.

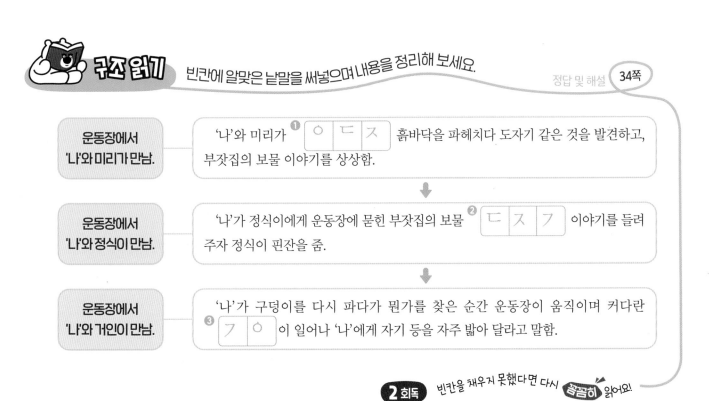

구조읽기 빈칸에 알맞은 낱말을 써넣으며 내용을 정리해 보세요.

정답 및 해설 34쪽

운동장에서 '나'와 미리가 만남.	'나'와 미리가 ❶ ㅇ ㄷ ㅈ 흙바닥을 파헤치다 도자기 같은 것을 발견하고, 부잣집의 보물 이야기를 상상함.
운동장에서 '나'와 정식이 만남.	'나'가 정식이에게 운동장에 묻힌 부잣집의 보물 ❷ ㄷ ㅈ ㄱ 이야기를 들려주자 정식이 핀잔을 줌.
운동장에서 '나'와 거인이 만남.	'나'가 구덩이를 다시 파다가 뭔가를 찾은 순간 운동장이 움직이며 커다란 ❸ ㄱ ㅇ 이 일어나 '나'에게 자기 등을 자주 밟아 달라고 말함.

2회독 빈칸을 채우지 못했다면 다시 꼼꼼히 읽어요!

1 이 이야기의 말하는 이에 대한 설명으로 알맞은 것에 ○표 하세요.

(1) 이야기 밖에서 다른 사람의 마음을 꿰뚫고 있다. (   )

(2) 이야기 속에 등장하여 자신의 마음을 말하고 있다. (   )

(3) 이야기 밖에서 다른 사람에게 거인에 대해 전하고 있다. (   )

2 이 이야기의 내용과 일치하지 <u>않는</u> 것은 무엇인가요? (   )

① 정식이는 '나'가 들려주는 이야기를 흥미진진하게 들었다.

② 정식이는 거인이 일어나는 바람에 운동장 바닥에 꼬꾸라졌다.

③ '나'와 미리는 하얗고 둥근 것을 보고 장자못 설화를 떠올렸다.

④ 운동장에서 거인이 기지개를 켜며 일어나 '나'에게 말을 걸었다.

⑤ 미리는 달리기 예선 때 넘어지면서 주먹 크기의 하얗고 둥근 것을 발견했다.

3 이 이야기의 공간적 배경을 떠올려 빈칸에 공통으로 들어갈 장소를 쓰세요.

> 미리는 □□□ 흙바닥에서 하얗고 둥근 것을 발견했다.

> □□□에서 커다란 거인이 몸을 일으켰다.

> [   ]

4 이 이야기의 시간적 배경을 짐작할 수 있는 표현을 찾아 ○표 하세요.

(1)
> 여기가 예전에 커다란 연못이었거든…….

(   )

(2)
> 나는 다시 운동장을 파기 시작했습니다.

(   )

(3)
> 눈가루가 운동장 가득히 펄펄 날렸습니다.

(   )

5 다음 기사를 보고, 거인이 한 말에 대한 대답으로 알맞지 <u>않은</u> 것을 고르세요.

(   )

> 전국 초등학교 4~6학년 2,450명, 초등교사 761명을 대상으로 한 '어린이의 놀이 실태 조사'에서 초등학생 10명 중 4명 정도가 학교가 끝난 후 또래와 놀지 않는다고 답했다. 학교 수업 후 친구와 놀지 않는 이유로는 '학원·학습지·온라인 학습을 해야 해서'가 82%에 달했다. 방과 후 또래와 노는 빈도에서도 '일주일에 1~2일 정도'가 32%로 가장 많았고, '거의 없다'도 28%에 달했다. 10명 중 6명의 어린이가 거의 놀지 않거나 하루 이틀만 놀고 있다는 이야기다.
>
> – 2024년 전국교직원노동조합에서 실시한
> '2024년 어린이의 삶과 또래 놀이 실태 조사' 결과

왜 요즘에는 아이들이 운동장에서 잘 놀지 않지? 내 등을 자주 밟아 줘. 그래야 시원하거든.

① 친구랑 운동장에서 놀 여유가 없어요.
② 학교가 끝나자마자 학원에 가야 해요.
③ 일주일에 놀 수 있는 날이 거의 없어요.
④ 공부할 게 너무 많아서 놀고 싶어도 못 노는 거예요.
⑤ 운동장이 너무 좁고 지저분해서 동네 놀이터에서 놀아요.

시간적·공간적 배경이
사건과 관련이
있도록 써 보아요!

6 다음과 같은 시간적·공간적 배경이 잘 드러나는 짧은 이야기를 써 보세요.

시간적 배경 : 여름   시간적 배경 : 학교 운동장

_____

_____

_____

17 설명 방법 - 과정

설명 대상을 알기 쉽게 표현하기 위한 방법 중에 '과정'이 있어요. 과정은 어떤 일이 되어 가는 차례나 모습을 설명하는 것으로, 무엇을 만들거나 어떤 일을 하는 방법을 설명할 때 많이 사용되어요. 과정 방법으로 설명하는 글은 순서를 잘 따라가며 읽어야 해요.

✦ **과정** 어떤 일이 되어 가는 차례나 모습을 설명하는 방법. 시간의 흐름에 따라 변하거나 순서대로 진행되는 것을 설명할 때 쓰면 좋음.

㉠ 음식을 만드는 과정, 장난감을 조립하는 과정, 실험 과정, 동물의 한살이, 나팔꽃이 피는 과정 등

확인 문제를 풀어 보며 개념을 익혀요.

1~2 다음 내용을 보고, 과정이 순서대로 나타나도록 빈칸에 기호를 쓰세요.

1

㉠ 면과 스프 넣기 　　㉡ 면 익히기 　　㉢ 물 끓이기

> 라면을 끓이는 과정을 알아보아요. 라면을 끓일 때는 먼저 라면, 물, 냄비, 그리고 숟가락이나 젓가락을 준비해요. 냄비에 물을 500ml 정도 넣고 가스레인지에 올려요. 그다음 가스레인지를 켜고 물이 끓을 때까지 기다려요. 물이 끓기 시작하면, 면과 스프를 봉지에서 꺼내서 냄비에 넣어요. 면이 부드러워질 때까지 약 3~4분 정도 끓여요. 마지막으로 라면이 다 익으면 가스레인지를 끄고, 라면을 그릇에 옮겨 담아요.

재료 준비하기 ➡ (1) ➡ (2) ➡ (3)

2

㉠ 달팽이관 　　㉡ 망치뼈, 모루뼈, 등자뼈 　　㉢ 고막

> 우리는 어떤 과정을 거쳐서 소리를 듣는 것일까요? 먼저 공기를 타고 전해진 소리가 귓바퀴에서 모여서 귀 속에 있는 고막에 도착해요. 그러면 그 소리가 고막을 떨리게 하고 고막의 떨림은 망치뼈, 모루뼈, 등자뼈 같은 뼈들을 지나 달팽이관에 도착하지요. 그러면 달팽이관 안에 있는 액체와 털이 흔들리면서 청각 신경을 자극해요. 그다음 털의 움직임으로 생긴 청각 자극이 청각 신경을 따라 뇌에 전달되면 뇌가 소리를 알아내는 거예요.

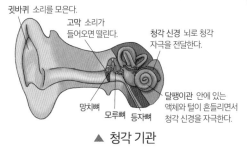

귓바퀴 소리를 모은다.
고막 소리가 들어오면 떨린다.
청각 신경 뇌로 청각 자극을 전달한다.
망치뼈
모루뼈 등자뼈
달팽이관 안에 있는 액체와 털이 흔들리면서 청각 신경을 자극한다.

▲ 청각 기관

귓바퀴 ➡ (1) ➡ (2) ➡ (3)

➡ 청각 신경 ➡ 뇌

자극에 반응하는 과정

1 회독

- 중심 낱말에 ○
- 과정의 설명 방법이 드러난 부분에 ～～～
- 무조건 반사와 조건 반사의 특징이 드러난 부분에 [ ]

야구 경기 관람 중에 야구공이 얼굴 쪽으로 슈우웅 하고 날아오는 것을 본다면 우리는 공에 맞지 않으려고 재빠르게 공을 피할 것이다. 이때 날아오는 공을 감각 기관을 통해 보는 것을 '자극'이라고 하고, 공을 피하는 행동을 '반응'이라고 한다. 자극은 우리 몸에서 어떤 반응이 일어나게 하는 것이고, 반응은 자극에 따라 일어나는 행동이다. 그러면 어떤 과정을 거쳐 자극을 받아들이고 반응하게 되는 것일까?

(가) 날아오는 야구공을 피하는 과정을 통해 우리 몸이 자극에 어떻게 반응하는지 알 수 있다. 먼저, 야구공이 날아오는 것을 **감각 기관**˚인 눈이 본다. 그러면 이 정보가 온몸에 뻗어 있는 감각 신경을 통해 **대뇌**˚로 전달된다. 대뇌는 전달받은 정보를 해석하고 어떻게 움직여야 하는지 결정한 후, 운동 신경에 명령을 내린다. 이 명령을 받은 운동 신경은 운동 기관에 명령을 내려 고개를 돌리거나 머리를 숙여 공을 피하게 하는 것이다. ㉠이 모든 과정은 매우 순식간에 일어난다. 이렇게 자극이 대뇌를 거쳐 대뇌의 정보 분석에 의해 일어나는 반응을 '의식적인 반응'이라고 한다.

반면, 우리의 의지와 상관없이 자신도 모르게 일어나는 무의식적인 반응을 '반사'라고 한다. 반사에는 '무조건 반사'와 '조건 반사'가 있다. 무조건 반사에는 무릎을 쳤을 때 무릎이 펴지는 것, 뜨거운 냄비에 손이 닿았을 때 자신도 모르게 재빨리 손을 떼는 것, 이물질이 코나 입에 들어왔을 때 재채기를 하는 것, 빛을 비추면 동공의 크기가 줄어드는 것 등이 있다. 무조건 반사

는 자극이 감각 기관과 감각 신경으로 전달되면 뇌로 가기 전에 **척수**˚가 바로 운동 신경에 명령을 내리고 운동 신경이 운동 기관에 명령을 내려 순간적으로 일어나는 '무의식적 반응'이다.

조건 반사는 레몬 같은 신 음식을 보기만 해도 침이 고이는 것을 말한다. 무조건 반사는 학습하지 않아도 일어나는 반응이지만, 조건 반사는 학습이 되어야 일어나는 반응이다. 자극에 대한 과거의 경험을 대뇌가 기억하고 있다가 그 자극이 나타나면 일어나는 반사이다. 신맛이 나는 레몬을 보면 침이 고이는 것은

- **감각 기관**(感 느낄 감, 覺 깨달을 각, 器 그릇 기, 官 벼슬 관) 동물의 몸에서 바깥의 감각을 받아들여 뇌에 전달하는 기관.
- **대뇌**(大 큰 대, 腦 골 뇌) 뇌의 대부분을 차지하는 부분. 신경 계통 전체의 중추적 작용을 하며, 고등 동물일수록 잘 발달되어 있다.
- **척수**(脊 등마루 척, 髓 뼛골 수) 척주관 속에 있는 중추 신경 계통의 부분.

과거에 레몬을 먹어 보아서 신맛이 나는 것을 알고 있기 때문이다. 만약 레몬을 한 번도 먹어 본 적 없는 사람에게 레몬을 보여 준다면, 그 사람은 레몬이 시다는 것을 모르기 때문에 입에 침이 고이지 않을 것이다. 조건 반사는 감각 기관을 통해 전달된 자극이 감각 신경을 통해 대뇌로 전달되고, 대뇌가 자극에 대한 과거의 경험을 떠올려 운동 신경에 명령을 내려 운동 기관이 반응하는 것이다.

우리 몸은 그 어떤 기계보다 과학적으로 **설계**되어 있다. 그래서 자극이 왔을 때 빠르게 반응하지 않으면 위험한 자극과 그렇지 않은 자극을 구분하여, 위험한 자극에는 '무의식적인 반응'을, 그렇게 위험하지 않은 자극에는 '의식적인 반응'을 한다. 만약 우리의 호흡기나 식도, 위 등에 이물질이나 독성 물질이 들어왔을 때 바로 재채기나 구토 같은 반응을 하지 않으면 위험할 수 있는데, 우리 몸은 이를 알아서 조절해 주는 것이다.

● **설계**(設 베풀 설, 計 셀 계) 계획을 세움. 또는 그 계획.

 **구조읽기** 빈칸에 알맞은 낱말을 써넣으며 내용을 정리해 보세요.

정답 및 해설 36쪽

① ㅂ ㅇ : 자극에 대응하여 일어나는 행동으로 의식적인 반응과 무의식적 반응이 있음.

⬇

의식적인 반응 과정	무의식적인 반응 과정
자극 ➡ ② ㄱ ㄱ 기관 ➡ 감각 신경 ➡ 대뇌 ➡ 운동 신경 ➡ 운동 기관 ➡ 반응	[무조건 반사 과정] 자극 ➡ 감각 기관 ➡ 감각 신경 ➡ ③ ㅊ ㅅ ➡ 운동 신경 ➡ 운동 기관 ➡ 반응 [조건 반사 과정] 자극 ➡ 감각 기관 ➡ 감각 신경 ➡ 대뇌 ➡ 운동 신경 ➡ 운동 기관 ➡ 반응

⬇

우리 몸은 과학적으로 설계되어 있어 위험한 상황을 감지하고 조절함.

2 회독 빈칸을 채우지 못했다면 다시 꼼꼼히 읽어요!

1 이 글의 내용으로 알맞지 <u>않은</u> 것은 무엇인가요? (   )

① 모든 자극은 빠르게 반응하지 않으면 위험하다.
② 자극은 우리 몸의 감각 기관을 통해 받아들인다.
③ 대뇌는 전달받은 정보를 분석하고 명령을 내린다.
④ 조건 반사와 무조건 반사의 차이는 학습의 유무이다.
⑤ 뜨거운 냄비에 손이 닿았을 때 손을 떼는 것은 무조건 반사이다.

2 ㉠과 관련 있는 사자성어는 무엇인가요? (   )

① 승승장구(乘勝長驅): 한 번 이긴 기세를 타고 계속 이김.
② 적자생존(適者生存): 환경에 적응하는 생물만이 살아남음.
③ 산전수전(山戰水戰): 세상의 온갖 고생과 어려움을 다 겪었음.
④ 전광석화(電光石火): 번개나 부싯돌의 불이 번쩍이는 것처럼 몹시 짧은 시간.
⑤ 용호상박(龍虎相搏): 범과 용이 서로 싸우는 것처럼 힘이 센 두 사람이 승패를 겨룸.

3 ㉡의 설명 방식으로 알맞은 것을 찾아 번호를 쓰세요.

(1) 자극과 반응의 공통점과 차이점을 설명하고 있다.
(2) 우리 몸이 자극에 반응하는 원인과 결과를 설명하고 있다.
(3) 우리 몸이 자극에 반응하는 과정을 순서대로 설명하고 있다.

(   )

4 다음 과정은 (1)과 (2) 중 어떤 일이 일어났을 때의 과정인지 번호를 쓰세요.

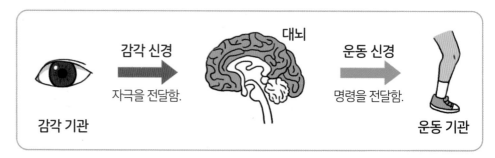

(1) 친구가 던진 피구공에 맞기 전에 재빨리 피했다.
(2) 욕조에 발을 담그다가 물이 너무 뜨거워서 바로 뺐다.

(   )

5 이 글을 읽고 알맞은 반응을 보이지 <u>않은</u> 친구의 이름을 쓰세요.

재채기는 의식적으로 참을 수 있으니까 사람들이 많을 때는 참아야겠어.

수현

포도를 생각했을 때 침이 고이는 것은 포도가 시다는 것을 경험으로 알아서구나.

진영

뜨거운 것을 손으로 만졌을 때 나도 모르게 손을 떼는 것은 우리 몸이 위험한 것에 무의식적으로 반응하기 때문이구나.

세지

(   )

6 이 글을 참고하여 다음 내용의 괄호에 들어갈 알맞은 말을 골라 ○표 하세요.

러시아의 과학자 파블로프는 개에게 먹이를 줄 때마다 종을 쳤습니다. 개는 종소리가 나면 먹이를 받을 수 있다는 것을 배우게 되었습니다. 그래서 나중에는 먹이를 주지 않고 종소리라는 (반응 , 자극)만 줘도 개는 침을 흘리게 되었습니다. 이것은 반복된 경험으로 학습이 이루어져서 나타난 (조건 반사 , 무조건 반사)입니다.

아침에 일어나서 등교할 때까지 어떤 일을 어떤 순서로 하는지 생각해서 과정을 설명해 보아요.

7 아침에 등교를 준비하는 과정을 5단계로 설명해 보세요.

_____

_____

_____

18 뉴스 보도의 짜임

뉴스 보도는 사람들에게 중요하거나 흥미로운 사건을 전할 때에 방송이나 신문 등을 통하여 알리는 것을 말해요. 텔레비전에서 뉴스를 보도할 때는 스튜디오의 진행자와 현장의 취재 기자가 함께 보도한다는 것을 알고 짜임을 살펴보는 게 좋아요.

✦ **뉴스 보도의 짜임** 뉴스는 사람들에게 정보를 전달하는 역할을 함. 뉴스 보도는 '진행자의 도입'과 '기자의 보도', 그리고 '기자의 마무리'로 짜여짐.

• **진행자의 도입**: 사람들의 관심을 끌 수 있는 내용과 뉴스의 핵심 내용을 요약하여 전달함.

• **기자의 보도**: 시민이나 전문가의 면담이나 취재한 내용, 그리고 관련 자료를 활용하여 자세하고 정확하게 보도함.

• **기자의 마무리**: 전체 내용을 요약하며 마무리함.

확인 문제를 풀어 보며 개념을 익혀요.

1~3 다음 뉴스 보도 내용은 뉴스의 짜임 중 어느 부분에 해당하는지 **보기**에서 찾아 쓰세요.

보기

진행자의 도입   기자의 보도   기자의 마무리

1
　　뇌 발달의 골든 타임인 12세~18세 사이 청소년에게 가장 필요한 것은 8시간의 질 높은 수면이라고 합니다. 시상에서 대뇌피질로 연결되는 신경이 쉬지 않고 활동을 해서 잠을 자는 동안 쉬어야 하기 때문입니다. 청소년 여러분, 공부하는 시간만큼 자는 시간도 중요하다는 것을 꼭 기억하기 바랍니다. 엔이 뉴스 유찬이었습니다.

(　　　　　　　　　)

2
　　뇌는 한순간도 쉬지 않고 활동합니다. 우리가 수학 문제를 풀 때도, 친구들과 놀 때도, 심지어 잠을 잘 때도 뇌는 활동을 합니다. 그렇다면 인간의 뇌는 언제 가장 크게 발달할까요? 국내 기초 과학 연구원은 12세부터 18까지가 뇌가 가장 발달하는 '골든 타임'이라는 것을 밝혀 냈습니다. 12세부터 18세 사이에 뇌 속에서는 어떤 일이 벌어지는지 유찬 기자가 알려 드립니다.

(　　　　　　　　　)

3
　　기초 과학 연구원의 연구진은 12세부터 18세 사이가 시상에서 대뇌피질로 연결되는 신경이 가장 활발하게 활동하는 시기라고 밝혔습니다. 시상은 감각 신경이 보내는 신호를 받는 곳이고, 대뇌피질은 시상에서 받은 정보를 종합해 사고하는 역할을 하는 곳인데, 18세 이후부터는 시상과 대뇌피질을 연결해 주는 신경이 둔해진다고 합니다. 시상에서 받은 새로운 지식이 대뇌피질로 모두 전달되지 않으니 기억력이 떨어지고, 지식을 많이 습득하지 못해 종합적인 사고력도 떨어지는 것입니다.

(　　　　　　　　　)

1분도 길다고 하는 숏폼 시대

1회독

- 중심 글감에 ○
- 숏폼의 문제점이 드러난 부분에 〰〰
- 디지털 디톡스 관련 내용에 [ ]

진행자 요즘 유튜브나 SNS에는 1분보다도 짧은 숏폼 영상이 넘쳐 납니다. 뉴스 기사나 예능 프로그램 등에서 가장 자극적이고 재미있는 부분만 편집해서 만든 숏폼을 보다 보면 몇 시간이 훌쩍 지나갑니다. 이렇게 숏폼이 인기를 끌면서 여러 문제가 나타나고 있습니다. 어떤 문제인지 이수현 기자가 알려 드립니다. ㉠

기자 '숏폼'은 주로 소셜 미디어 플랫폼에서 사용되는 용어로 짧게는 15초, 최대 10분 이내로 만들어진 짧은 영상을 가리킵니다. ㉠숏폼은 직관적이고 흥미로워 사용자들이 쉽게 소비하고 공유합니다. 빠르고 간결한 정보 전달과 강한 인상을 남기는 것이 목표이기 때문에 시각적, 청각적으로 자극적인 요소들로 채워져 있어 중독되기 쉽습니다. 숏폼에 중독되면 어떤 증상이 나타나고, 그런 증상은 어떤 문제를 일으키는지 학생들과 전문가들을 만나 알아보겠습니다.

학생 1 자기 전까지 스마트폰을 손에서 놓지 못해요. 숏폼 보다가 늦게 자서 다음날 수업을 듣기 힘들 때가 많아요.

학생 2 짧은 영상에 익숙해지다 보니 긴 영상은 지루해서 집중하기가 힘들어요. 볼 영상을 고를 때 10분이 넘는 건 안 골라요. 영화도 짧게 요약된 요약본을 보다 보니 극장에서 상영하는 120분이나 150분 정도로 긴 영화는 못 보겠어요.

청소년 상담사 ㉡짧은 영상에 익숙해진 아이들은 긴 영상이나 글을 받아들이기 어려워하게 되고 그러면서 집중력과 **문해력**˚ 저하 문제를 일으킵니다. 또한 ㉢숏폼의 자극성 때문에 일상생활에 흥미를 잃고 계속해서 더 큰 자극을 찾는 현상도 나타납니다. ㉣청소년들은 성인에 비해 자제력이 부족해서 숏폼 시청을 조절하는 데 더 어려움이 있습니다.

뇌과학자 ㉤숏폼처럼 자극적인 영상을 시청할 때는 뇌에서 시각적 기능을 담당하는 후두엽이 주로 활성화됩니다. 책을 읽거나 공부할 때는 전두엽이 활성화되면서 **자발적**˚인 노력이 가해지는 능동적 집중력이 쓰입니다. 그런

- **문해력**(文 글월 문, 解 풀 해, 力 힘 력) 글을 읽고 이해하는 능력.
- **자발적**(自 스스로 자, 發 필 발, 的 과녁 적) 남이 시키거나 요청하지 아니하여도 자기 스스로 나아가 행하는 것.

데 숏폼을 볼 때는 눈에 들어오는 영상을 수동적으로 보는 수동적 집중력이 쓰입니다. 수동적 집중력은 뇌의 균형을 잃게 만듭니다. 수동적 집중력만 계속 쓰면 올바른 선택을 하지 못하게 되거나 새로운 정보를 수용하는 데 어려움이 생길 수 있습니다. 특히 중독이나 충동에 **취약***해집니다."

기자 성인보다 청소년들에게 더 치명적인 숏폼 중독. 이를 해결할 수 있는 방법에는 무엇이 있을까요? 시청 시간을 줄이는 방법으로 가장 좋은 디지털 디톡스가 있습니다. 디지털 디톡스란 'Digital'에 **해독***이라는 뜻의 단어 'Detox'를 결합한 말로, 디지털 세상에서 잠시 벗어나 휴식이나 취미 활동을 통해 피로해진 몸과 마음을 **회복***하자는 의미입니다. 디지털 디톡스를 실천하는 방법으로는 외출 후 집에 돌아오자마자 '핸드폰 바구니'에 스마트폰을 보관하고 가족과 함께 시간을 보내는 것이 있습니다. 스마트폰을 아예 사용하지 않는 것이 힘들다면 부모님 또는 선생님과 적정 사용 시간을 정하고 '스마트폰 사용 계약서'를 만들어 지켜보는 것도 도움이 됩니다. 오늘부터라도 디지털 디톡스를 통해 영상 시청을 줄이고, 독서나 토론 등 능동적 집중력이 쓰이는 활동으로 두뇌를 활성화시켜 보는 것이 어떨까요. 엔이뉴스 이수현이었습니다.

- **취약**(脆 연할 취, 弱 약할 약) 무르고 약함.
- **해독**(解 풀 해, 毒 독 독) 몸 안에 들어간 독성 물질의 작용을 없앰.
- **회복**(回 돌아올 회, 復 회복할 복) 원래의 상태로 돌이키거나 원래의 상태를 되찾음.

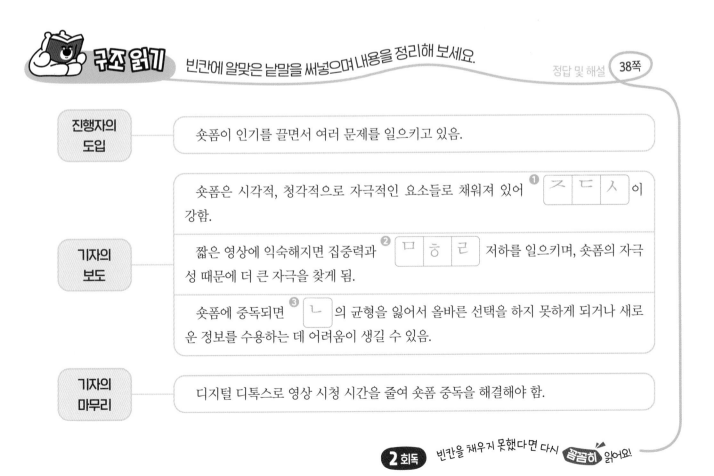

구조 읽기 빈칸에 알맞은 낱말을 써넣으며 내용을 정리해 보세요.

정답 및 해설 **38쪽**

진행자의 도입
숏폼이 인기를 끌면서 여러 문제를 일으키고 있음.

기자의 보도
숏폼은 시각적, 청각적으로 자극적인 요소들로 채워져 있어 ❶ [ㅈ ㄷ ㅅ]이 강함.

짧은 영상에 익숙해지면 집중력과 ❷ [ㅁ ㅎ ㄹ] 저하를 일으키며, 숏폼의 자극성 때문에 더 큰 자극을 찾게 됨.

숏폼에 중독되면 ❸ [ㄴ]의 균형을 잃어서 올바른 선택을 하지 못하게 되거나 새로운 정보를 수용하는 데 어려움이 생길 수 있음.

기자의 마무리
디지털 디톡스로 영상 시청 시간을 줄여 숏폼 중독을 해결해야 함.

2회독 빈칸을 채우지 못했다면 다시 꼼꼼히 읽어요!

1 이 뉴스를 통해 전하려는 중심 내용을 찾아 번호를 쓰세요.

> ① 수준 높은 숏폼을 많이 만들자!
> ② 숏폼은 여러 가지 문제를 발생시키므로 많이 보지 않도록 노력하자!
> ③ 숏폼을 만들고 공유할 때 청소년에게 필요한 정보가 무엇인지 생각하자!

(   )

2 이 뉴스에서 활용한 자료를 두 가지 고르세요. (,   )

① 전문가의 의견
② 같은 관점의 책
③ 관련 실험 결과
④ 학생들과의 면담 내용
⑤ 관련 사진 및 설문 조사 결과

3 뉴스의 짜임을 고려할 때, ㉠에 해당하는 것이 무엇인지 **보기**에서 찾아 번호를 쓰세요.

> ┤ **보기** ├
> (1) 기자의 보도   (2) 진행자의 도입   (3) 기자의 마무리

(   )

4 이 뉴스에서 다음의 역할을 각각 누가 하는지 **보기**에서 찾아 쓰세요.

> ┤ **보기** ├
>
> 기자   진행자

(1) 숏폼이 인기를 끌며 나타나고 있는 현상을 요약하여 안내한다.

(   )

(2) 숏폼에 중독된 사람들에게 나타나는 증상과 그 증상들로 인해 나타나는 문제를 취재하여 보도한다. (   )

5 ㉠~㉤ 중 다음 설문 조사 결과를 근거 자료로 사용하기에 알맞은 것의 기호를 쓰세요.

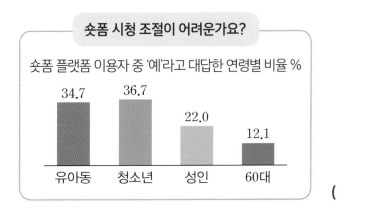

숏폼 시청 조절이 어려운가요?

숏폼 플랫폼 이용자 중 '예'라고 대답한 연령별 비율 %

유아동	청소년	성인	60대
34.7	36.7	22.0	12.1

(   )

6 디지털 디톡스를 바르게 실천하지 <u>않은</u> 친구의 이름에 ○표 하세요.

나는 영상 보는 시간을 줄이고, 종이책 보는 시간을 늘렸어.

나는 친구를 잘 만나지 않고, 문자 메시지로 친구와 많은 대화를 해.

디지털 기기를 사용하지 않는 시간과 장소를 정해서 지키고 있어.

달희   희주   만호

기자의 보도는 면담 내용, 취재한 내용, 또는 관련 자료를 활용하여 나타낼 수 있어요.

7 '우리 반의 운동회 준비'를 주제로 쓴 진행자의 도입 내용에 맞추어 기자의 보도 내용의 앞부분을 간단하게 써 보세요.

[진행자의 도입] 하늘이 높고 날씨가 화창한 요즘, 곧 다가올 운동회를 위해 학생들이 열심히 준비하고 있다고 합니다. 학생들의 분주하고 설레는 모습을 이능률 기자가 전해 드립니다.

[기자의 보도]

19 근거의 적절성

주장하는 글에는 주장과 근거가 필요해요. 그리고 주장과 근거는 서로 연관된 것이어야 하고, 근거는 주장을 뒷받침해 줄 수 있는 타당한 것이어야 하지요. 주장하는 글을 읽을 때는 주장에 대한 근거로 제시한 내용이 주장을 뒷받침해 줄만한지, 정확한 사실에 근거한 내용인지, 실천 가능한 내용인지 살펴보아야 해요.

↳ 주장에 대한 근거가 적절한지 판단하는 방법

- 근거가 주장과 관련 있는지 살펴보기
- 근거가 주장을 뒷받침하는지 살펴보기
- 근거가 믿을 수 있는 내용인지 살펴보기

확인 문제를 풀어 보며 개념을 익혀요.

1 주장하는 것이 무엇인지 살펴보고, 제시된 근거가 적절하면 ○표, 적절하지 **않으면** ✕표 하세요.

주장	운동은 신체적, 정신적 건강에 도움을 준다.

근거1	비타민 C를 많이 먹으면 면역력이 올라가 감기에 잘 걸리지 않는다.

(   )

근거2	꾸준히 하는 운동은 모든 질병을 완전히 예방할 수 있는 만병통치약이다.

(   )

근거3	운동을 꾸준히 하면 폐활량이 증가하여 심폐 기능이 좋아지고, 지방을 연소하여 체지방률을 낮춰 당뇨와 고혈압을 예방해 준다는 연구 결과가 있다.

(   )

근거4	S병원의 가정의학과 전문의는 운동을 하면 뇌에서 엔도르핀과 같은 기분을 좋게 하는 호르몬이 나와 스트레스를 줄여 주고 우울증 예방에도 효과적이라고 말했다.

(   )

1회독

- 🔵 글쓴이의 주장에 ○
- 🔵 주장을 뒷받침하는 근거에 〰
- 🔵 글쓴이가 하고 싶은 말에 [　]

대형 마트나 편의점에서 물건을 하나 사면 같은 제품을 하나 더 주는 1+1 행사나 두 개를 사면 하나를 더 주는 2+1 묶음 할인 행사하는 것을 자주 봤을 것이다. 사람들은 이런 행사 제품을 보면 덤으로 물건을 얻는다고 생각해서 덥석 산다. 하지만 이러한 묶음 할인 행사는 여러 가지 문제가 있어 규제할 필요가 있다.

첫째, 1+1, 2+1 등의 묶음 할인 행사는 소비자가 원래 계획했던 것보다 더 많은 돈을 쓰게 만든다. 두 개를 사면 하나를 더 준다고 하니 하나만 사려고 했던 사람도 두 개를 사게 된다. 또 원래 살 생각이 없던 물건도 '+1' 같은 표시를 보면 충동적으로 사게 된다. 필요한 물건을 사고 덤을 얻는 것이 아니라, 덤을 받기 위해 소비를 하는 것이다. 이런 현상을 경제학에서는 '웩더독'(Wag the dog)이라고 한다. 꼬리가 개의 몸통을 흔든다는 뜻으로 **주객**˚이 **전도**˚되었다는 말이다.

둘째, 1+1이나 2+1 묶음 할인 행사는 눈속임 **상술**˚일 때가 많다. 묶음 할인 행사는 소비자의 착각이나 실수를 유도해 비합리적인 지출을 하도록 만드는 판매 방식이다. 소비자원의 조사 결과를 보면, 주요 온라인 쇼핑몰에서 1개 9,410원짜리 보디로션을 '1+1'로 묶어 26,820원에 판매한 사례가 있다. 덤으로 하나를 더 주는 것처럼 보였지만, 사실은 8,000원이나 더 비싸게 팔아 이익을 얻고 있었던 것이다. 이러한 상술에 속아 손해를 보지 않으려면 가격표를 꼼꼼하게 확인하고, g당 혹은 100g당 가격도 살펴봐야 한다.

셋째, 묶음 할인 행사 제품들은 품질이 좋지 않거나 유통기한이 **임박**˚하거나 또는 **재고**˚ 상품인 경우가 많다. 유통기한이 임박한 상품인 경우에는 사용하기 전에 버리게 될 가능성이 크고, 재고 상품인 경우는 품질이 떨어지거나 유행에 뒤떨어져 제대로 사용하지 못할 가능성이 있다. 싸게 구입한 것 같지만 사실은 좋은 품질의 상품이 아니어서 소비자가 손해를 보게 된다.

넷째, 1+1 또는 2+1 묶음 할인 행사는 불공정한 경쟁을 일으킬 수 있다. 큰 마트나 대기업은 돈이 많아서 이런 행사를 자주 할 수 있지만, 작은 가게나 중소기업은 그렇게 하기 어렵다. 그러면 작은 가게나 중소 기업은 경쟁에서 밀려나고, 결국 대형 마트나 대기업만 시장에 남게 된다. 이렇게 되면 소비자들이 선택할 수 있는 가게나 상품이 줄어들어 시장의 다양성이 깨지게 된다.

- **주객**(主 주인 주, 客 손님 객) 주인과 손님을 아울러 이르는 말.
- **전도**(顚 넘어질 전, 倒 넘어질 도) 차례, 위치 따위가 뒤바뀌어 원래와 달리 거꾸로 됨.
- **상술**(商 장사 상, 術 재주 술) 장사하는 재주나 꾀.
- **임박**(臨 임할 임, 迫 닥칠 박) 어떤 때가 가까이 닥쳐옴.
- **재고**(在 있을 재, 庫 곳간 고) 새로 만든 것이 아니고 전에 만들어 아직 상점에 내놓지 아니하였거나, 팔다가 남아서 창고에 쌓아 놓은 물건.

이러한 이유로 '1+1' 또는 '2+1' 묶음 할인 행사 규제는 꼭 필요하다. 이런 규제는 사람들이 필요 없는 물건을 많이 사지 않도록 하고, 공정한 경쟁을 하게 하며, 소비자를 보호해 준다. 따라서 정부, 기업, 시민 모두가 묶음 할인 행사 규제가 이루어지도록 노력해야 한다.

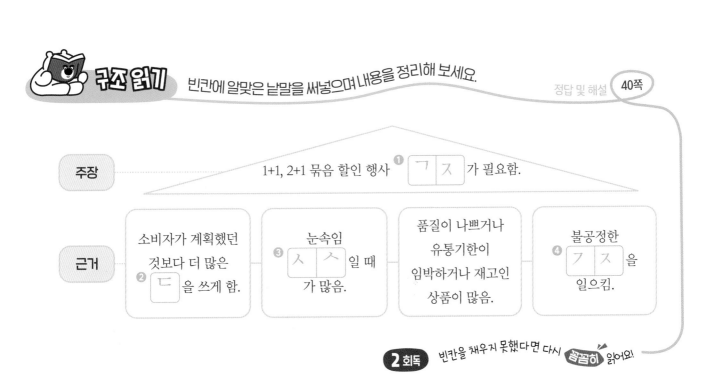

구조읽기 빈칸에 알맞은 낱말을 써넣으며 내용을 정리해 보세요.

정답 및 해설 40쪽

주장 ·········· 1+1, 2+1 묶음 할인 행사 ❶ ㄱ ㅈ 가 필요함.

근거

소비자가 계획했던 것보다 더 많은 ❷ ㄷ 을 쓰게 함.

❸ 눈속임 ㅅ ㅅ 일 때가 많음.

품질이 나쁘거나 유통기한이 임박하거나 재고인 상품이 많음.

불공정한 ❹ ㄱ ㅈ 을 일으킴.

2회독 빈칸을 채우지 못했다면 다시 꼼꼼히 읽어요!

1 ㉠에 들어갈 이 글의 제목으로 알맞은 것에 ○표 하세요.

(1)
1+1, 2+1 행사 규제가 필요하다!

( )

(2)
1+1, 2+1 행사 규제 문제 있다!

( )

2 1+1, 2+1 묶음 할인 행사 제품에 대한 설명으로 알맞지 <u>않은</u> 것은 무엇인가요?
( )

① 묶음 할인 행사 제품은 항상 가격이 저렴하다.
② 묶음 할인 행사 제품은 재고 상품인 경우가 많다.
③ 묶음 할인 행사 제품은 유행에 뒤떨어질 때가 많다.
④ 묶음 할인 행사 제품은 제대로 사용 못하고 버릴 가능성이 있다.
⑤ 묶음 할인 행사 제품은 대형 마트나 편의점에서 자주 볼 수 있다.

3 글쓴이의 주장을 뒷받침하는 근거가 <u>아닌</u> 것은 무엇인가요? ( )

① 눈속임 상술일 때가 많다.
② 계획했던 것보다 더 많은 지출을 하게 된다.
③ 품질이 좋지 않거나 유통기한이 임박한 물건을 살 수 있다.
④ 필요할 때마다 구매하는 것보다 시간과 노력을 절약할 수 있다.
⑤ 불공정한 경쟁을 유발하여 작은 가게나 중소 기업을 시장에서 몰아낼 수 있다.

4 근거의 적절성을 판단하는 방법을 알맞게 말한 친구를 찾아 이름에 ○표 하세요.

제시한 근거가 주장과 관련 있는 것인지 살펴봐야 해.

나의 경험에 비추어서 근거가 적절한지 살펴봐야 해.

설명하는 대상과 관련 있는 자료인지 살펴봐야 해.

하은   아인   달수

5 이 글을 읽은 소비자가 주의해야 할 점으로 알맞지 <u>않은</u> 것을 두 가지 고르세요.

(,   )

① 물건의 유통기한을 꼼꼼하게 확인하기
② 필요 없는 물건을 충동적으로 사지 않기
③ 물건의 g당 혹은 100 g당 가격을 확인하기
④ 만약을 대비해 필요한 물건을 많이 사 놓기
⑤ 덤 상품을 받기 위해 일정 금액 이상으로 구매하기

6 이 글과 **보기** 글의 공통점을 생각하며 괄호에 들어갈 알맞은 말을 골라 ○표 하세요.

보기

'공짜 점심'이라는 말은 미국 서부 개척 시대에 생겨났어요. 당시 어느 술집에서는 일정 양의 술을 마시면 점심 식사를 공짜로 할 수 있게 했다고 해요. 귀가 솔깃한 공짜 서비스처럼 들리지만, 실상을 들여다보니 공짜가 아니었어요. 점심을 공짜로 먹으려면 그만큼 술을 많이 마셔야 했고, 술값을 그만큼 더 많이 내야 했기 때문이지요. 결국 술집이 공짜로 제공해 준다는 점심 식사 값이 술값에 다 포함되어 있는 셈이었어요.

• '1+1 묶음 할인 행사 제품'도 그렇고, '공짜 점심'도 그렇고 '세상에 (진짜 , 공짜)는 없다.'는 말이 맞는 것 같다.

제시된 근거를 논리적으로 잘 정리해서 써 보아요!

7 다음 근거를 들어 '묶음 할인 행사를 규제할 필요가 없다'고 주장하는 글을 써 보세요.

근거

• 같은 가격에 두 개의 제품을 얻는다.
• 새로운 소비 경험을 저렴하게 할 수 있다.
• 자주 구매하지 않아도 돼서 시간과 노력을 줄일 수 있다.

_____

_____

_____

20 기행문의 요소

기행문은 여행하면서 보고, 듣고, 느끼고 겪은 것을 쓴 글이에요. 기행문을 쓰면 여행을 갔던 곳, 그때 보고 들었던 지식이나 경험, 그때의 느낌들이 생생하게 남아요. 그리고 기행문을 읽으면 글쓴이가 여행하며 경험한 것, 느낀 것 등을 간접 경험할 수 있지요.

✦ 기행문의 요소 기행문에는 여정, 견문, 감상의 세 가지 요소가 들어가 있음.

- **여정**: 여행하면서 다닌 곳, 여행의 과정이나 일정
  - 예 시간 표현: 토요일에 ~ / 장소 표현: 박물관에 ~
- **견문**: 여행하며 보거나 들은 것
  - 예 본 것: ~을(를) 보았다. / 들은 것: ~(이)라고 한다. ~을(를) 듣다.
- **감상**: 여행하면서 생각하거나 느낀 것
  - 예 생각이나 느낌: 느끼다, 생각하다, 기쁘다, 감격스럽다

확인 문제를 풀어 보며 개념을 익혀요.

1~2 다음 중 기행문에는 ○표 하고, 기행문이 <u>아닌</u> 글에는 ✕표 하세요.

1
어느 들에 어여쁜 나비가 한 마리 살고 있었습니다. 나비는 날마다 아침때부터 꽃밭에서 동산으로, 동산에서 꽃밭으로 따뜻한 봄볕을 쪼이고 날아다니면서 온종일 춤을 추어, 여러 가지 꽃들을 위로해 주며 지내었습니다.
하루는 어느 포근한 잔디밭에 앉아서 따뜻한 볕을 쪼이면서, 이런 생각을 하였습니다. 여신께서는 나를 보시고, '즐겁게 춤을 추어 많은 꽃들을 기껍게 해 주는 것이 너의 직책이다!' 하셨습니다.

(   )

2
장난감 기차는 반 시간이 못 되어 불국사역까지 실어다 주고, 역에서 **등대**했던 자동차는 십리 길을 단숨에 껑청껑청 뛰어서 불국사에 대었다. 뒤로 토함산을 등지고 왼편으로 울창한 송림을 끌며 앞으로 광활한 평야를 내다보는 절의 위치부터 풍수쟁이 아닌 나의 눈에도 벌써 범상치 아니했다. 더구나 돌 층층대를 쳐다볼 때에 그 굉장한 규모와 섬세한 솜씨에 눈이 어렸다.

● **등대** 미리 준비하고 기다림.

(   )

3 기행문의 내용과 알맞은 기행문의 요소를 찾아 선으로 이으세요.

(1) 제주도는 돌, 바람, 여자, 이렇게 세 가지가 많아서 '삼다도'라고 불린다고 한다.

(2) 제주 공항에 오후 3시에 도착해서 대기하고 있던 차를 타고 한라산으로 향했다.

(3) 협재 해변을 한가롭게 걸으며 시원한 바닷바람을 맞으니 기분이 날아갈 듯이 좋았다.

여정   견문   감상

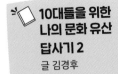

10대들을 위한
나의 문화 유산
답사기 2
글 김경후

1회독

- '여정'이 나타
난 부분에 ◯
- '견문'이 나타
난 부분에 〰〰
- '감상'이 나타
난 부분에 [ ]

🐾 우리 가족 가을 답사*

서울 집을 나서 충청남도의 아산과 예산을 지나 45번 국도를 달렸어요. 일곱 시간 넘게 걸렸지만 창밖으로 내포평야를 바라보는 즐거움을 느낄 수 있었습니다. 사실 이 길을 지나면서 잠을 잔다는 건 너무 아쉬운 일이에요. 창밖으로 펼쳐지는 낮은 산과 넓은 들판이 참으로 시원하고 넉넉하고 평화롭거든요.

때마침 국도에는 붉고 흰 코스모스들이 흔들거렸고, 이른 가을의 맑은 햇빛 속에서 황금빛 벼들이 일렁거려 더욱 아름다웠습니다. 붉은 꽃빛과 들판의 황금 물결, 이처럼 지극히 평범하고 일상적인 풍경이 그 어떤 것보다 더 진한 감동으로 다가왔어요. 어쩌면 이것이 옛 **백제***의 땅과 문화가 품은 아름다움이 아닐까 생각했어요.

우리 가족은 운산에서 고풍 저수지 둑 위를 달리며 한적한 풍경을 즐겼습니다. 소담한 고풍 마을이 아련하게 바라다보였어요. 조금 더 가면 고풍 저수지가 끝나면서 용현 계곡이 나타납니다. 용현 계곡 깊숙한 바위에 우리가 만나러 가는 서산 **마애불***이 새겨져 있어요.

"환하게 웃는 산신령님이 있시유."

이 부근 사람들은 깊은 계곡 절벽에 불상이 새겨져 있다는 것을 오래 전부터 알고 있었습니다. 하지만 문화재 관계자들은 불상에 대해 전혀 몰랐어요. 1959년 근처의 보원사터를 조사하다가 불상을 발견했대요. 이 계곡에는 원래 99개의 **암자***가 있었는데 어느 스님이 100개를 채운다고 백암사(百庵寺)라는 절을 세우자 모두 불탔다는 전설이 전해 내려와요. 이 전설이 사실인지 아닌지 몰라도 실제 용현 계곡 여기저기에는 암자터가 보여요. 문화재 조사를 나온 학자는 마을 사람을 만날 때마다 "혹시 무너진 석탑이나 부처님 새긴 것을 본 적 있어요?"라고 물으며 다녔지요. 그러던 어느 날 골짜기 아래에서 나이 든 나무꾼을 만났다는군요.

"부처님이나 탑은 못 봤지만유, 저기 바위에 가믄 환하게 웃는 산신령님이 한 분 새겨져 있는디유, 양옆에 두 분이 더 있시유. 한 분이 다리를 꼬고 앉아서 손가락으로 볼따구를 찌르면서 '용용 죽겠지?' 하고 놀리니까 다른 분이 돌을 쥐고 던질 채비를 하고 있구만유."

- **답사**(踏 밟을 답, 査 조사할 사) 현장에 가서 직접 보고 조사하는 것.
- **백제**(百 일백 백, 濟 건널 제) 우리나라 삼국 시대의 삼국 가운데 한반도 서남부에 있던 나라.
- **마애불**(磨 갈 마, 崖 벼랑 애, 佛 부처 불) 바위를 갈거나 깎아 내어 부처 모습을 새긴 것.
- **암자**(庵 절 암, 子 아들 자) 큰 절에 딸린 작은 절.

나무꾼이 말한 산신령님과 양옆의 두 분이 바로 서산 마애불, 정식 이름으로 는 서산 용현리 마애 삼존상입니다.

🐾 백제의 미소, 서산 마애불

마애불을 발견한 학자에게 나무꾼이 말한 것처럼 바위에는 세 분이 새겨져 있습니다. 이것을 **삼존불**˚ 형식이라고 해요. 여래상을 가운데 두고 양쪽 옆에 보살상을 두었지요. 여래상은 불교를 일으킨 석가모니의 불상을, 보살상은 보살의 불상을 말합니다. 보살은 위로는 깨달음을 구하고, 아래로는 어리석고 힘든 사람들을 도우며 이끌어 주는 분을 뜻하지요.

양옆의 보살상 중 무릎을 괴고 뺨에 손을 댄 보살은 분명 미륵보살이에요. 먼 미래에 다가올, 평화와 기쁨으로 가득 찬 세상을 생각하며 명상에 잠겨 있지요. 그런데 양손에 구슬을 든 보살은 어느 보살을 표현한 건지 여러 의견이 있어요. 나는 어떻게 생각하느냐고요? 글쎄요, 현실 세계에서 어려움이 닥친 사람들을 도와주는 관음보살이 아닐까요? 다음 세상의 일들을 도와주는 미륵보살과 이 세상의 일들을 도와주는 관음보살을 나란히 놓음으로써 사람들의 마음은 더욱 든든해졌을 거예요.

● **삼존불**(三 석 삼, 尊 높을 존, 佛 부처 불) 세 명의 부처.

▲ 서산 용현리 마애 삼존상

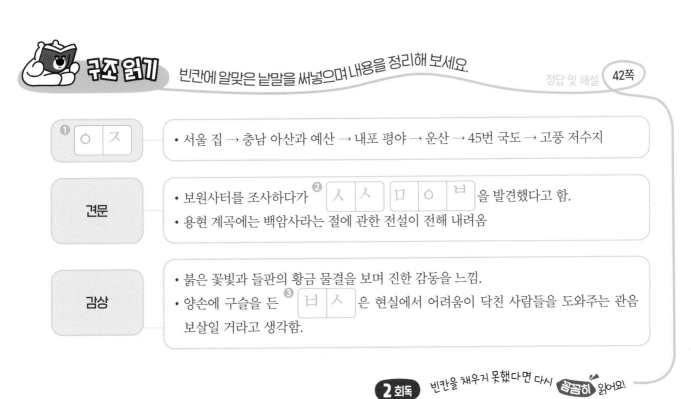

구조읽기 빈칸에 알맞은 낱말을 써넣으며 내용을 정리해 보세요.

정답 및 해설 42쪽

❶ [ㅇ][ㅈ]	• 서울 집 → 충남 아산과 예산 → 내포 평야 → 운산 → 45번 국도 → 고풍 저수지
견문	• 보원사터를 조사하다가 ❷ [ㅅ][ㅅ][ㅁ][ㅇ][ㅂ] 을 발견했다고 함. • 용현 계곡에는 백암사라는 절에 관한 전설이 전해 내려옴
감상	• 붉은 꽃빛과 들판의 황금 물결을 보며 진한 감동을 느낌. • 양손에 구슬을 든 ❸ [ㅂ][ㅅ] 은 현실에서 어려움이 닥친 사람들을 도와주는 관음보살일 거라고 생각함.

2 회독 빈칸을 채우지 못했다면 다시 꼼꼼히 읽어요!

1 글쓴이와 가족이 보러 간 것에 ○표 하세요.

(1)
내포평야

(   )

(2)
백암사

(   )

(3)
서산 마애불

(   )

2 ㉠에 들어갈 이 글의 제목으로 알맞은 것은 무엇인가요? (   )

① 무너진 석탑과 부처님

② 백제의 미소를 보고 오다!

③ 용현 계곡 백암사의 전설

④ 붉은 꽃빛과 들판의 황금 물결

⑤ 나이 든 나무꾼과 환하게 웃는 산신령

3 다음 표의 빈칸에 들어갈 알맞은 말을 쓰세요.

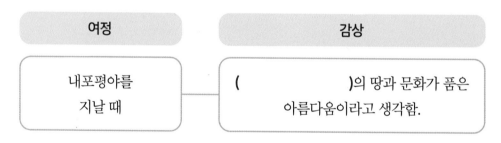

여정	감상
내포평야를 지날 때	( )의 땅과 문화가 품은 아름다움이라고 생각함.

4 다음 문장은 여정, 견문, 감상 중 어떤 요소인지 찾아 ○표 하세요.

(1) 1959년 근처의 보원사터를 조사하다가 불상을 발견했대요.

(여정 , 견문 , 감상)

(2) 서울 집을 나서 충청남도의 아산과 예산을 지나 45번 국도를 달렸어요.

(여정 , 견문 , 감상)

(3) 글쎄요, 현실 세계에서 어려움이 닥친 사람들을 도와주는 관음보살이 아닐까요?

(여정 , 견문 , 감상)

5 보기 글을 참고할 때, 글쓴이가 가족의 요구를 듣고 서산 마애불을 보러 간 까닭으로 알맞지 <u>않은</u> 것을 두 가지 고르세요. (　　,　　)

┤ 보기 ├

"우아! 그럼 폐사지라는 데를 한번 보고 싶어."

"하나를 보아도 제대로 된 감동적인 유물을 보았으면 좋겠어."

"저는 한가한 곳이면 어디는 좋아요."

순간 세 사람으로부터 여러 요구가 밀려왔습니다. 막냇동생이 가고 싶다는 폐사지란 절의 건물은 허물어지고 그 터만 남은 곳을 말해요. 나는 어디가 좋을지 고민에 빠졌습니다. <중략> 고민 끝에 서울에서 하루 만에 다녀올 수 있는 서산 마애불을 보러 가기로 했지요.

① 폐사지가 있어서

② 한적한 곳이어서

③ 45번 국도로 갈 수 있어서

④ 감동적인 유물이 있는 곳이어서

⑤ 다양한 유물을 한꺼번에 많이 볼 수 있어서

한 문장마다 여정, 견문, 감상을 따로따로 담아 쓰는 게 좋아요.

6 자신의 학교 가는 길을 여정, 견문, 감상이 드러나게 써 보세요.

📷 사진 출처

국가유산청   www.khs.go.kr
국립중앙박물관   www.museum.go.kr
서울특별시 농업기술센터   agro.seoul.go.kr
셔터스톡   www.shutterstock.com/ko
연합뉴스   www.yna.co.kr
한국민족문화대백과사전   encykorea.aks.ac.kr
한국방송광고진흥공사   www.kobaco.co.kr

달 달 읽고 **곰곰** 생각 하는

달곰한 시리즈

NE 능률

어휘 강화!
교과 학습
기본기 강화

독해 강화!
분석력, 통합력,
사고력 강화

달곰한 문해력
기본서

초등교사 100인 추천!
'3회독 학습법'으로
문해력 기본기를 다져요.

달곰한 문해력
초등 어휘

'낱말밭 어휘 학습'으로
각 학년 필수 교과 어휘를
완성해요.

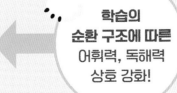

학습의
순환 구조에 따른
어휘력, 독해력
상호 강화!

달곰한 문해력
초등 독해

초등 최초! '주제 연결 독해법' 도입!
하나의 주제로 연결된
2개의 글을 읽어요.

초등 국어 교과에서 뽑은

단계별 개념

달콤한 문해력 기본서

2022 개정 교육과정에서 배우는
국어 교과 개념 200개를 다루었어요.

책 속의 책

NE능률

5~6학년 추천

초등 5단계 A

달달 읽고 곰곰 생각하는

1등급 독해력

3회독 학습법
한번에 읽기
꼼꼼히 읽기
주도적 읽기

정답 및 해설

달달 읽고 곰곰 생각하는

탄탄한 문해력 기르기

5~6학년 추천

초등
5단계
A

정답 및 해설

정답 해설

04
이야기의 주제

○ 중심글귀에
○ 주제가드러난 부분에
['] '나'의 감정이 드러난 부분에

나의 읽기 방법은?
글을 읽는 방법에 따라 잘 읽었는지 확인해 보세요

문해력의 기본은 어휘!
★ 새로 알게 된 낱말이나 어려운 낱말을 써 보세요

새로운 지문을 만날 때마다 새로운 어휘도 익혀 보세요

30-31쪽

3회독 ★ 내가 표시한 내용과 시름을 비교하며 읽어 보세요

안내를 부탁합니다

「안내를 부탁합니다」
중심글귀: '나'가 어릴 때 만난 '안내를 부탁합니다'에 대한 추억이 담긴 이야기임.
한두 번 읽자라하는 연결음이 나더니 잠지만 잠병한 분명한 목소리가 들렸다.
"⑤안내입니다."

"손가락을 다쳤어요. 아파요. 엉엉."

이제 누군가가 듣는다는 것을 알게 되자 눈물이 줄줄 흘러내렸다. 수화기에서

ⓛ 여성의 목소리가 물었다. / "집에 엄마 안 계시니?"
나는 홀쩍거리며 대답했다. / "나 말고는 아무도 없어요."

"피가 나니?" / "아니요. 맞지로 손가락을 쩔느데, 그냥 아파요."

그가가 물었다. / "냉장고를 열 수 있니?"

내가 할 수 있다고 하자, 그가가 말했다.

"얼음이 있는 냉동실에서 얼음 조각 몇 개를 꺼내 손가락에 대고 있으면 아프지 않을 거야. 울지 말고, 운 괜찮아질 거야."

그가의 말대로 했더니 정말 아프지 않았다. 그 후 내가 혼자서 알아낼 수 없는 일이 생기면 항상 그에게 전화를 걸었다. 그는 ⓑ언제나 질문에 무엇이든 대답해 주었다. 나는 그에게 지리에 대해 물었다. 그가는 팔라델파아가 어디에 있는지, 내가 나중에 탐험을 하고 싶은 아마존 강이 어디에 있는지도 알려 주었다. 그는 절차별로 가르쳐 주고, 우리 집 고양이가 석반을 담는 운 통 안에서 새끼를 낳았을 때는 마침 동안 가까이 가지 않는 것이 낫다는 것도 알려주었다. 그는 내가 배배나 궁원에서 잡은 다람쥐에게도 밤 등 전래를 막이라고 했다.

▲ 어린 시절 나는 '안내를 부탁합니다'와 통화를 하며 많은 도움을 받았다.

어느 날 나는 사랑하는 카나리아 페티가 죽어 있는 것을 발견했다. 나는 '안내를 부탁합니다'에게 전화를 걸었다. 그가는 내 마음 가운데 들고 어른의 아이를 달랠 때 하는 일반적인 이야기를 들려주었다. 하지만 별 위로가 되지 않았다. 나는 그에게 아름다운 노래를 불러 우리를 기쁘게 해 준 카나리아가 어느 날 잠자기 왜 날개를 파덕이다 새장 바닥에 쓰러져 죽어야 하는지를 물었다.

그가는 깊이 상심한 것을 알고 다정히 말했다.

"폴, 그 세가 노래 부를 또 다른 세상이 있다는 것을 항상 기억해라."

(중략)

▲ '나'가 상심했을 때는 '안내를 부탁합니다'다정하게 위로를 해 주었다.

섬마가 되어서야 전화기의 작동 원리를 쉽게 되었다. '안내를 부탁합니다'는 점 봄속을 희망했을 때면 불렀듯 '안내를 부탁합니다'가 생각났다. [내가 모르는 것은 무엇이든지 답을 해 주고 시대 짐 수도 없었다. 어떤 것에 대해 의심이 들고 이드지 답을 해 주던 ⓔ요정이 존재함 때 노졌던 안도감이 이제 아련한 주억으로 되살아났다. 세 전화국의 ⑥안내를 다는 질문에 답을 해 주지 않았다. 전화를 해서 안내를 찾으면 대개는 "미안하지만 우리는 그런 정보를 가지고 있지 않습니다."라고 대답했다. 나는 옛 우드의 '안내를 부탁합니다'가 급없이 질문을 단지는 꼬마에게 얼마나 큰 인내심과 이해심으로 친절하게 대답해 주었는지를 깨달아 되자 가슴 벅찬 감은 (⑧)을 느꼈다.]

▲ 나는 성인이 되어 전화기의 원리를 알게 되 뒤 '안내를 부탁합니다'에게 감사함을 느꼈다.

주제 넓히기
1 안내를 부탁합니다   2 카나리아   3 전화기

잘 요약했나요?
글의 구조를 파악하며 잘 요약했는지 확인해 보세요

문제 풀이가 아니라 문해력을 향상시키는 가이드입니다.

빠른 정답 확인

문해력의 어떤 과정을 묻는 문제였는지 확인해 보세요

글을 바르게 이해하고 생각을 펼치기 위해서 어떻게 글을 읽어야 하는지 알려주는 도움말

글을 읽고 문제를 풀면서 어떤 점을 잘못 짚었는지 알려주는 도움말

자신의 생각과 비교해 볼 수 있고 생각을 확장시킬 수 있는 예시 답안

어떤 기준으로 생각을 펼쳐 글을 쓰는 것이 좋은지 알려주는 채점 기준

32-33쪽

1 ⑩ 2 ② 3 ❶ 전화 ❷ 상심 4 ⑤ 5 ① 6 은호
7 예시 답안 참고

내용 파악하기
1 ⑩은 세 전화국의 안내 제도를 가리키는 것이다.
⑦~⑨은 전화 안내원인 '안내를 부탁합니다'를 가리키는 것이다.

소재의 의미 파악하기
2 이 이야기에 나오는 '고양이'는 '나'의 집에서 기르는 고양이이고, 고양이가 새끼를 낳았을 때 '안내를 부탁합니다'가 '나'에게 가까이 가지 말라고 일러 준 대상이다. 병풍이나 밤 등 전화를 닦아내라고 한 대상은 '나'가 리베나 쿵 원에서 잡은 다람쥐이다.

인물의 관계 파악하기
3 '나'는 어려운 일이 생기면 전화 안내원인 '안내를 부탁합니다'에게 전화를 걸어 여러 가지 질문을 하고 도움을 받으며 그녀를 존경하게 된다. 그리고 '안내를 부탁합니다'는 '나'의 수많은 질문에 친절하게 응대해 주고 '나'가 상심했을 때는 '나'를 다정히 위로해 준다.

이야기의 주제 파악하기
4 이 이야기는 '안내를 부탁합니다'의 도움을 청하는 어린아이에게 안내심과 이해심을 가지고 친절하게 대답을 해 주는 안내원의 모습을 통해 '어린아이의 순수함을 존중하고 배려하는 어른의 이해심'을 전하고 있다.

빈말 추론하기
5 자신에게 성실하게 답변해 준 '안내를 부탁합니다'가 얼마나 많은 안내심과 이해심으로 자신을 대했는지를 깨달았다는 내용이 앞에 빈칸에 들어가기에 알맞은 답은 '감사'이다.

감상의 적절성 파악하기
6 '내'가 어린 시절의 '안내를 부탁합니다'를 떠올리면서 모르는 것은 무엇이든지 답을 해 주던 요정이 문제일 때 안도감을 느꼈다고 썼으므로 은호의 감상은 글의 내용에서 이끌어 낼만한 내용이다.
미도: '나'가 '안내를 부탁합니다'를 존경한다고 썼을 뿐 서로 존경하는 관계는 아니다.
채경: 이 이야기는 '나'가 어린 시절 만났던 '안내를 부탁합니다'를 생각하면서 쓴 글이다.

7 예시 답안
'나'는 성장한 뒤에 '안내를 부탁합니다'가 얼마나 큰 안내심과 이해심으로 친절하게 대했는지 깨닫고 감사를 느끼고 있다. 그렇기 때문에 '나'는 '안내를 부탁합니다'를 만나면 "저의 시시콜콜한 질문에 성실하게 답해 주시고, 제가 어려움에 처했을 때는 도움을 주시고, 슬픔에 잠겼을 때는 위로해 주셔서 정말 감사했습니다."라고 말했을 것 같다.

😄	이야기의 역대라 '나'의 마음을 정확히 이해하고, '나'가 '안내를 부탁합니다'를 만났을 때 할 말을 상황에 어울리게 썼습니다.
🙂	이야기의 역대라 '나'의 마음을 어느 정도 이해했으나, '나'가 '안내를 부탁합니다'를 만났을 때 할 말을 상황에 어울리게 쓰지 못했습니다.
☹️	이야기의 역대라 '나'의 마음을 정확히 이해하지 못하여 '나'가 '안내를 부탁합니다'를 만났을 때 할 말을 상황에 어울리게 쓰지 못했습니다.

01
시의 주제

- 좋아한 시어에 ○
- 말하는 이의 마음이 드러난 부분에 [ ]

★ 새로 알게 된 낱말이나 어려운 낱말을 써 보세요.

★ 내가 표시한 내용과 예시 답률 비교하며 읽어 보세요.

가 보름달

1연
꽃을 생각하면 꽃이 나온다
모자를 생각하면 모자가
비둘기를 생각하면 비둘기가 나온다

▲ 보름달을 보고 생각하는 것이 나온다.

2연
엄마를 생각하면 엄마가
└ 말하는 이가 그리워하는 대상
케이크를 생각하면 케이크가 나온다
식탁을 생각하면 식탁이
촛불을 생각하면 촛불이
웃는 엄마를 생각하면 웃는 엄마가
"이리 오렴, 귀 절린 토끼야."
둥근 식탁에 둘러앉아
임술 가득 생그럼을 문히고 남남

▲ 보름달을 보며 엄마와 생일을 보내는 것을 소망한다.

3연
[눈을 뜨지 않으면 / 아무것도
아무도 사라지지 않는 생각을
하고 또 한다]
└ 함께 하고 싶고 그리운 것이 사라지지 않기를 바라는 마음이 드러남

▲ 눈을 감고 함께하고 싶은 것들이 사라지지 않기를 소망한다.

구조읽기
1 비둘기 2 엄마 3 생각

나 눈 감아라

1연
보일러가 고장 났어요.
마당으로 뜨거운 물을 빼냈어요.
언 땅에 김이 뭉게뭉게 났어요.
어디선가 할머니가 달려와서
허리를 굽히고
[눈 감아라! 눈 감아라! 눈 감아라!]
└ 생명을 존중하고 배려하는 할머니의 마음이 드러남
땅에 대고 눈을 감으라고 했어요.
보일러에서 뜨거운 물이 다 빠져나왔어요.
할머니가 허리를 피며 일어섰어요.
할머니, 누구더러 눈 감으라고 했어요?
으응, 땅속의 벌레들에게.
              └ 보호해 주어야 할 대상
왜요?
[으응, 갑자기 뜨거운 물이 틀어가면
└ 생명을 존중하고 배려하는 할머니의 마음이 드러남
벌레들 눈이 멀까 봐서.]
벌레들이 할머니 말을 알아들어요?
그럼, 알아듣고말고.
마당에 달빛이 가득 찼어요.

▲ 할머니는 고장난 보일러에서 나오는 뜨거운 물 때문에 벌레들이 눈이 멀까 봐 눈을 감으라고 말했다.

구조읽기
4 보일러 5 벌레

1 ⑤ **2** ① **3** ②,⑤ **4** ① 그리움 ② 생명 **5** 성주, 지수
6 ② **7** 예시 답안 참고

 독해 원리

세부 내용 파악하기

1 시 ⑰에서 말하는 이는 보름달을 보고 '식탁, 엄마, 촛불, 케이크'를 생각했다. 하지만 '귀 잘린 토끼'는 생각하지 않았다.

시에 나타난 상황 파악하기

2 시 ⑭에는 보름달이 고장나서 마당으로 뜨거운 물을 쏟는 상황이 나타나 있다.

 적용

인물의 마음 파악하기

3 ⓒ에는 아무도 사라지지 않아서 엄마가 곁에 있었으면 하는 마음이 드러나 있다.
ⓓ에는 뜨거운 물에 벌레들의 눈이 다칠까 봐 걱정하는 마음이 나타나 있다.
① ⓐ는 둥근 식탁에 둘러앉는 상황을 표현하고 있을 뿐, 인물의 마음은 드러나 있지 않다.
③ ⓒ은 뜨거운 물이 언 땅에 닿아서 김이 나오는 상황을 시각적으로 표현한 것일 뿐, 인물의 마음은 드러나 있지 않다.
④ ⓔ은 할머니의 행동을 표현한 것일 뿐, 인물의 마음이 드러나 있지 않다.

시의 주제 파악하기

4 시 ⑰이 말하는 이는 엄마에 대한 그리움을 직접 드러내지는 않지만 2연에서 서 엄마를 생각하는 모습이나 3연에서 나타난 엄마가 사라지지 않기를 간 절히 바라는 모습에서 엄마에 대한 그리움을 엿볼 수 있다.
시 ⑭에서는 할머니가 벌레들을 걱정하는 행동과 말을 통해 생명 을 존중하고 배려하는 마음을 느낄 수 있다.

감상의 적절성 파악하기

5 시 ⑰이 말하는 이가 보름달을 보며 그리운 것을 상상하는 모습이 외롭고 쓸쓸한 분위기를 자아낸다. 시 ⑭의 할머니가 뜨거운 물이 들어가면 땅속 벌레들 눈이 다칠까 봐 걱정하는 행동이나 말을 통해 할머니의 따뜻하고 다 정한 마음을 느낄 수 있다. 따라서 두 시를 알맞게 감상한 친구는 성주와 지 수이다.

삶의 태도 파악하기

6 시 ⑭의 할머니와 씨를 심을 때 세 개씩 심는 농부는 생명을 배려하고 존중 하는 마음을 가지고 있으며, '자연과 더불어 사는 태도'를 가지고 있다.

 서술형 집중 연습

7 예시 답안

제목: 할머니의 손

할머니의 손길은 바람 같아
내 볼을 스치고, 마음을 감싸네.
작은 손으로 큰 사랑을 만들어 주시던
그 손이 아직도 내 곁에 머무네.

:D	엄마나 할머니에 대한 마음이라는 주제를 잘 드러내고, 제목을 지어 시의 형식 에 맞게 잘 썼습니다.
:)	엄마나 할머니에 대한 마음이라는 주제는 잘 드러내 제목도 지었지만, 시의 형 식을 맞춰서 쓰지 못했습니다.
:(	엄마나 할머니에 대한 마음이라는 주제도 드러내지 못했고, 제목도 짓지 못하 고 시의 형식도 갖추지 못했습니다.

02 설명하는 글을 읽는 방법

읽는 방법

- 설명 대상에 ◯
- 이미 알고 있던 내용에 〰〰
- 새롭게 안 내용에 [ ]

★ 새롭게 된 낱말이나 어려운 낱말을 써 보세요

3회독 ★ 내가 표시한 내용과 해설달을 비교하며 읽어 보세요

놀이 기구에 숨어 있는 원리

설명 대상: 이 글은 놀이 기구에 숨어 있는 과학·수학 원리를 설명함.

놀이공원에 가면 굉장히 빠른 속도로 오르내리락하고, 바람을 가르며 날아 갔다 하는 다양한 놀이 기구가 있다. 우리는 이런 놀이 기구를 타며 스릴과 쾌감을 느낀다. 이렇게 우리에게 즐거움을 주는 놀이 기구의 모양과 움직임을 자세히 살펴보면 과학과 수학 원리를 발견할 수 있다. ▲ 놀이 기구에는 과학과 수학 원리가 작용하고 있다.

롤러코스터에는 어떤 원리가 숨어 있을까?

놀이공원 하면 가장 먼저 떠오르는 놀이 기구는 '롤러코스터'이다. 바람을 가르며 가파르고 높은 경사면을 올라갔다가 뒤집어졌다가 방금했던 놀기도 하는 롤러코스터에는 과학과 수학 원리가 숨어 있다. / 롤러코스터를 탈 때 거꾸로 매달려 있어도 떨어지지 않는 게 신기하다고 생각한 적이 있을 것이다. [롤러코스터가 거꾸로 매달려도 떨어지지 않는 것은 힘이 한쪽으로 쏠리기 때문이다. 물체를 잡아당기는 힘인 '구심력'이 함께 작용하기 때문이다.] 물체가 빠르게 돌아가면 안으로 잡아당기는 힘이 생겨서서 물체가 떨어지지 않는 것이다. ▲ 원심력과 구심력의 중력이 롤러코스터가 거꾸로 매달려 있어도 떨어지지 않게 해 준다.

롤러코스터는 높은 곳을 오르내리기도 하지만 꽈배기처럼 꼬인 레일을 따라 돌기도 한다. [이렇게 꼬인 레일에 수학적 원리가 숨어 있다. 바로 '뫼비우스의 띠'를 응용한 것이다. '뫼비우스의 띠'는 안과 밖을 구분할 수 없는 띠이다. 좁고 긴 직사각형 종이를 한 번 꼬아서 끝을 붙이면 뫼비우스의 띠가 만들어진다. 그것은 안쪽과 바깥쪽의 구분이 없고, 한 면을 계속 따라가다 보면 원래 출발 지점으로 돌아온다. 이런 원리를 응용해 롤러코스터 열차를 만들었기 때문에 열차가 레일의 안쪽과 바깥쪽을 넘나들 수 있는 것이다.] ▲ 뫼비우스의 띠가 적용되어 롤러코스터 열차가 레일의 안쪽과 바깥쪽을 넘나들 수 있다.

스릴 만점 바이킹에는 어떤 원리가 숨어 있을까?

놀이 기구 중 사람들이 가장 무서워하면서도 가장 많이 타는 놀이 기구는 '바이킹'이다. 바이킹은 높은 지지대에 매달린 배가 양쪽으로 왔다 갔다 하는 놀이 기구이다. 그렇다면 바이킹은 어떻게 양쪽으로 왔다 갔다 할 수 있을까? 그것은 바이킹이 시계추나 그네처럼 같은 구간을 왕복하는 진자 운동을 하기 때문이다. 물론 진자 운동을 시작할 때는 기계적인 힘이 필요하다. 그네를 탈 때 처음에 발을 굴러야 그네가 움직이는 것처럼, 바이킹도 배 밑에 연결된 롤러가 배 밑부분을 밀어 주어야 움직인다. 하지만 그네가 어느 정도 높이까지 올라가면 발을 구르지 않아도 움직이는 것처럼, 바이킹도 어느 정도 높이까지 올라가면 롤러가 밀어 주지 않아도 같은 구간을 왔다 갔다 한다. ▲ 진자 운동이 바이킹이 같은 구간을 왕복할 수 있게 해 준다.

바이킹을 탈 때 한쪽 뱃머리가 하늘 높이 올라갔다가 다시 반대편 하늘로 치솟는 모습을 보면 한쪽으로 넘어가지 않을까 걱정된 적이 있을 것이다. 하지만 그런 걱정은 하지 않아도 된다. 바이킹에는 배가 한쪽으로 넘어가지 않도록 하는 수학 원리가 숨어 있기 때문이다. 바로 배가 매달린 지지대이다. 바이킹의 지지대는 삼각형 모양으로 설계되어 있는데, 삼각형은 세 변이 서로 연결되어 매우 안정적인 형태이다. 이 삼각형 구조가 바이킹의 좌우로 움직일 때 균형을 잡아 주어 안정성을 보장한다. ▲ 삼각형 모양의 지지대가 바이킹의 균형을 잡아 주고 안전하게 해 준다.

이처럼 놀이 기구에는 다양한 과학과 수학 원리가 숨어 있고, 그 덕분에 놀이 기구를 안전하게 즐길 수 있다. ▲ 여러 가지 과학·수학 원리 덕분에 놀이 기구를 안전하게 즐길 수 있다.

구조 읽기

1 미비우스 2 바이킹 3 진자

20~21쪽

1 놀이 기구　**2** ②　**3** (3)○ (4)○　**4** ④　**5** ②
6 두준　**7** 예시 답안 참고

중심 내용 파악하기

1 이 글은 사람들이 즐겨 타는 놀이 기구에 숨어 있는 원리를 알기 쉽게 설명하고 있다.

세부 내용 파악하기

2 롤러코스터는 원심력과 구심력 그리고 중력이 함께 작용하여 거꾸로 매달려도 떨어지지 않는다. 그리고 롤러코스터에는 뫼비우스의 띠 원리가 적용되어 열차가 레일의 안쪽과 바깥쪽을 넘나들며 움직일 수 있다.
(1) 바이킹이 배도 시계추나 그네처럼 같은 구간을 왕복하는 진자 운동을 한다.
(3) 롤러코스터 열차가 거꾸로 매달려 있어도 떨어지지 않는 까닭은 원심력과 구심력 그리고 중력이 함께 작용하기 때문이다.

어휘의 사전적 의미 파악하기

3 (3) ㉢ '중력'의 뜻을 알맞게 제시하였다.
(4) ㉤ '진자 운동'의 뜻을 알맞게 제시하였다.
(1) ㉠ '원심력'은 물체가 원운동을 할 때 중심에서 바깥으로 나가려는 힘이다. 제시된 내용은 구심력의 뜻이다.
(2) ㉡ '구심력'은 물체가 원운동을 할 수 있게 중심 쪽으로 당겨 주는 힘이다. 제시된 내용은 '원심력'의 뜻이다.

설명하는 글을 읽는 방법 이해하기

4 설명하는 글을 읽을 때는 설명하려는 대상이 무엇인지 파악하고, 대상이 무엇에 대해 설명하는지 파악하고, 대상에 대해 이미 알고 있던 내용이나, 새롭게 알게 된 내용을 파악하며 읽어야 한다. ④ 주장하는 까닭이 알맞은지 생각하며 읽는 것은 이 글을 읽는 방법으로 알맞지 않다.

내용 추론하기

5 제시된 자료에서 고정된 한 점을 중심으로 가운데에서 양끝을 왔다 갔다 하며 같은 구간을 왕복하는 진자 운동을 설명하고 있다. 바이킹도 고정된 한 점을 중심으로 상하가 아닌, 가운데서 양끝이 좌우로 움직이는 진자 운동을 하고 있다.

반응의 적절성 파악하기

6 이 글은 놀이 기구에 숨어 있는 과학과 수학 원리에 대해 설명하였으므로, 이 글을 읽고 알맞게 반응한 친구는 멀고 어렵게 느껴졌던 과학·수학이 놀이 기구에 적용되었음을 알고 가깝게 느껴졌다고 말한 두준이다.
은성: 놀이 기구를 탈 때 놀이 기구에 안전 장치가 잘 작동하는지 살펴보고 타는 것은 꼭 필요한 것이나 이 글을 읽고 난 반응으로는 알맞지 않다.
이안: 이 글에 롤러코스터보다 바이킹에 수학·과학 원리가 더 많이 숨어 있다는 내용은 나와 있지 않다.

7 예시 답안

이미 알고 있던 내용	과학 시간에 바이킹이 진자 운동으로 움직인다는 것을 배워서 이미 알고 있었다.
새롭게 안 내용	롤러코스터 열차가 거꾸로 매달려도 떨어지지 않는 이유가 원심력과 구심력 그리고 중력이 함께 작용하기 때문이라는 것, 바이킹의 균형을 잡아 주고 안정성을 보장해 주는 게 삼각형 모양의 지지대 때문이라는 것 등을 새롭게 안 내용이다.

(＾▽＾) 이 글의 내용 중 이미 알고 있던 내용과 새롭게 안 내용을 정확하고 구체적으로 썼습니다.

(・_・) 이 글의 내용 중 이미 알고 있던 내용과 새롭게 안 내용 중 한 가지 내용만 정확하고 구체적으로 썼습니다.

(；＿；) 이 글의 내용 중 이미 알고 있던 내용과 새롭게 안 내용 모두를 정확하고 구체적으로 쓰지 못했습니다.

03 표준어와 방언

표준어와 방언

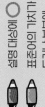 설명 대상에 ○
 표준어의 가치가 드러난 부분에 밑줄
 방언의 가치가 드러난 부분에 [ ]

★ 새로 알게 된 낱말이나 어려운 낱말을 써 보세요.

3회독 ★ 내가 표시한 내용과 예시 답을 비교하며 읽어 보세요.

표준어와 방언

1 우리말에는 공용어로 쓰는 (표준어)와 어느 한 지역이나 지방에서만 쓰는 (방언)이 있다. 우리나라에서는 '교양이 있는 사람들이 두루 쓰는 현대 서울말'을 표준어로 삼고 있다. 우리나라 표준어를 서울말로 정한 이유는 서울이 교육, 정치, 문화의 중심지이면서 수도이기 때문이다. 우리나라 외에도 영국, 프랑스, 일본 등이 각 수도의 말인 런던어, 파리어, 도쿄어를 표준어로 삼고 있다. 표준어를 정하는 까닭은 말하는 사람이나 지역과 관계없이 의사소통이 잘 이루어지기 때문이다. 하지만 우리나라 말에 표준어만 있는 것은 아니다. 강원도, 충청도, 전라도, 경상도, 제주도 등의 지역에서 쓰는 말인 방언도 서로 의사소통을 가능하게 하지만 지역마다 특정 어휘를 이해하지 못하여 오해가 생길 수 있다.

▲ 우리말에는 한 나라에서 공용어로 쓰는 표준어와 어느 한 지역에서만 쓰는 방언이 있다.

2 그렇다면 지방마다 다른 언어인 방언이 생긴 까닭은 무엇일까? 오늘날에는 교통과 통신이 발달하고 집도 많아져서 먼 지역이어도 왕래가 가능하고 쉽게 소통할 수 있다. 하지만 옛날에는 산이나 강으로 가로막혀 지금처럼 왕래가 쉽지 않았고, 태어나서 죽을 때까지 태어난 고향을 떠나지 않는 사람들도 많았다. 이렇게 사람들이 다른 지역과 떨어져서 오래 살다 보니 수도와의 거리가 먼수록 방언의 차이도 크게 나타난다. 할아버지를 예로 들면 충청도에서는 '할아부지', 할부지', 강원도와 경상도에서는 '할배', 전라도에서는 '할압씨', 한압씨', 제주도에서는 '하르방'이라고 쓴다. 대체로 표준어를 쓰는 서울과 거리가 먼수록 차이가 많이 나는 것을 볼 수 있다.

▲ 옛날에는 교통과 통신이 발달하지 않아 지금처럼 왕래가 쉽지 않았기 때문에 방언이 생겼다.

3 최근에는 미디어의 발달로 표준어 사용이 확산되어 방언 사용이 점점 줄고 있다. 그리고 서울 중심의 사회가 되면서 방언을 사용하는 것이 촌스럽다고 인식하는 사람들도 있다. 하지만 방언은 여러 가치를 지닌 말이다. [방언의 가치① 방언은 그 지역의 역사, 문화, 가치관을 담은 소중한 문화유산이다.] 방언이 사라지면 우리의 문화와 정서도 함께 사라질 위험이 있다. 또한, [방언의 가치② 방언은 우리말의 옛 모습을 많이 간직하고 있어서 우리말의 역사를 연구하는데도 귀한 자료가 된다.] 말로 전해지는 전설 같은 구비문학이나 민요는 방언으로 표현되어 있어서 방언을 모르면 이해하기 어렵다. 또한, [방언의 가치③ 방언은 같은 지역 사람들끼리의 친밀감과 유대감을 느끼게 해 준다. 우리가 해외에서 우리말을 사용하는 사람을 만나면 반갑듯이 방언도 특정 지역에 대하여 이런 감정을 느끼게 해 준다.

▲ 방언은 소중한 문화유산이고, 우리말의 역사를 연구하는 귀한 자료이며, 지역 사람들끼리 친밀감과 유대감을 느끼게 한다.

4 표준어와 방언은 서로 대립되는 것이 아니라, 서로를 보완하고 풍요롭게 하는 관계이다. 표준어가 언어 생활의 중심을 가동이라면, 방언은 그 기둥에 꽃을 피우고 열매를 맺는 역할을 한다. 우리의 언어 생활을 더 풍요롭게 하기 위해서는 표준어와 방언을 모두 존중하고 지켜 나가는 것이 중요할 것이다.

▲ 표준어와 방언은 서로를 보완하고 언어를 풍요롭게 하는 관계이다.

구조 읽기

1 방언 2 원래 3 가지 4 표준어

1 표준어: ㉮, ㉰ 방언: ㉯, ㉱ **2** ⑤ **3** ③ **4** ⑤ **5** ㉡
6 예시 답안 참고

세부 내용 파악하기

1 ㉮, ㉰ 표준어는 공용어로 사용하는 말로, 지역에 관계없이 의사소통이 잘 이루어지는 말이다.

㉯, ㉱ 방언은 어느 한 지역이나 지방에서만 쓰는 말로, 특정 어휘를 이해하지 못하면 오해가 생길 수 있는 말이다.

세부 내용 파악하기

2 방언은 그 말을 사용하는 사람이 적을수록 표준어와 비슷한 경향이 있다는 내용은 이 글에 드러나 있지 않다.

① **1** 문단에서 우리말에 표준어와 방언이 있다고 하였다.
② **3** 문단에서 미디어의 발달로 표준어 사용이 점점 좋고 있다고 하였다.
③ **3** 문단에서 방언이 사라지면 우리의 문화와 정서도 함께 사라질 위험이 있다고 하였다.
④ **3** 문단에서 서울 중심의 사회가 되면서 방언을 사용하는 것이 촌스럽다고 인식하는 사람들이 있다고 하였다.

방언의 특징 파악하기

3 「어디만큼 왔니」는 전라도 민요로 전라도 사투리가 많이 쓰였고 아부 오른쪽 상단에 전라도 민요라고 적혀 있어 이 노래를 부른 지역을 알 수 있다.

①, ②, ④ 방언은 그 언어를 사용하는 사람들끼리 친밀감과 유대감을 형성하고, 그 지역의 문화를 담은 문화유산이다.

⑤ '강가는 '갓는가'의 전라도 사투리이므로 표준어를 사용하는 사람은 의사소통을 위해 이 낱말의 뜻을 찾아낼 수 있다.

감상하기

4 이 글에서 방언을 사용하지 않는 곳이 생긴 이유는 설명하고 있지 않다.

① 방언의 가치는 **3** 문단에서 설명하고 있다.
② 방언이 생긴 이유는 **2** 문단에서 설명하고 있다.
③ 표준어와 방언의 올바른 관계는 **4** 문단에서 설명하고 있다.
④ 표준어를 정하는 이유는 **1** 문단에서 설명하고 있다.

자료 분석하기

5 제시된 자료는 제주도 방언에 남아 있는 과거 국어의 흔적에 관한 내용이므로 이와 관련 있는 것은 ㉡이다.

예시 답안

6 방언이 가장 중요한 가치를 가지는 언어를 다양하게 만들어 준다는 것이다. 한구어라는 하나의 언어를 사용하지만 방언이 많으면 지역마다 다른 표현을 사용하게 되어 그만큼 언어가 다채롭고 풍부해질 수 있다.

:D	자신이 생각하는 방언의 가치를 분명하게 잘 제시하였고, 이유도 타당성 있게 썼습니다.
:)	자신이 생각하는 방언의 가치는 분명하게 잘 제시하였으나, 이유를 타당성 있게 쓰지 못했습니다.
:(	자신이 생각하는 방언의 가치를 분명하게 제시하지 못하였고, 이유도 타당성 있게 쓰지 못했습니다.

04

이야기의 주제

- 중심 글감에 ○
- 주제가 드러난 부분에 ~~~~
- '나'의 감정이 드러난 부분에 [ ]

★ 새로 알게 된 낱말이나 어려운 낱말을 써 보세요.

_____

_____

_____

3 회독 ★ 내가 표시한 내용과 예시 답을 비교하며 읽어 보세요.

안내를 부탁합니다

"안내를 부탁합니다."

중심 글감: '나'가 어릴 때 만났던 '안내를 부탁합니다'에 대한 추억이 담긴 이야기임.

한두 번 접속하는 연음음이 나다니 작지만 분명한 목소리가 들렸다.

"안내입니다."

"손가락을 다쳤어요. 아파요."

이제 누군가가 듣는다는 것을 알게 되자 눈물이 줄줄 흘러내렸다. 수화기에서

여성의 목소리가 물었다. / "집에 엄마 안 계시니?"

나는 훌쩍거리며 대답했다. / "나 말고는 아무도 없어요."

"피가 나니?" / "아니요, 망치로 손가락을 찧었는데, 그냥 아파요."

그녀가 물었다. / "냉장고를 열 수 있니?"

내가 할 수 있다고 하자, 그녀가 말했다.

"얼음에 있는 냉동실에서 얼음 조각 몇 개를 꺼내 손가락에 대고 있으면 아프지

안내는 어린이인 '나'에게 친절을 베풀며 어른의 입장에서 이해심 있는 주체가 되어 줌.

않을 거야. 울지 말고. 곧 괜찮아질 거야."

그녀의 말대로 했더니 정말 아프지 않았다. 이렇게 하여 나는 '안내를 부탁합니

다'를 존경하게 되었다. 그 후 내가 혼자서 알아낼 수 없는 일이 생기면 항상 그녀

에게 전화를 걸었다. 그녀는 언제나 해결사였다. 무엇이든 모르는 것이 없었다. 항상

인내심과 이해심을 가지고 내 질문에 대답해 주었다. 나는 그녀에게 지리에 대해

물었다. 그녀는 필라델피아가 어디에 있는지, 내가 나중에 여행을 하고 싶은 아름

다운 오리노코강이 어디에 있는지도 알려 주었다. 그녀는 철자법도 가르쳐 주고,

우리 집 고양이가 서랍을 닫는 큰 통 안에서 새끼를 낳았을 때는 애월 동안 가까

이 가지 말라는 말도 일러주었다. 그녀는 내가 태어나 공원에서 잡은 다람쥐에게

는 땅콩이나 밤 등 견과를 먹이라고 했다.

▲ 어린 시절 '나'는 '안내를 부탁합니다'와 통화를 하며 많은 도움을 받았다.

어느 날 나는 사랑하는 카나리아 페티가 죽어 있는 것을 발견했다. 나는 '안내를

부탁합니다'에게 전화를 걸어 이를 알렸다.

나는 슬픔 깊이 있음에도 불구하고 안내에게 전화를 걸어 위로를 받음.

듣고 그 아픈이 아이를 달랠 때 하는 일반적인 이야기를 들려주었다. 하지만 별 위로

가 되지 않았다. 나는 그녀에게 아름다운 노래를 불러 우리를 기쁘게 해 준 카나리

아가 어느 날 갑자기 왜 날개를 퍼덕이다 새장 바닥에 쓰러져 죽어야 하는지를 물

었다.

그녀는 내가 깊이 상심한 것을 알고 다정히 말했다.

"폴, 그 새가 노래 부를 또 다른 세상이 있다는 것을 항상 기억해라."

<중략>

▲ '나'가 상심했을 때는 '안내를 부탁합니다'가 다정하게 위로를 해 주었다.

십대가 되어서야 전화기의 작동 원리를 알게 되었다. '안내를 부탁합니다'는 점

점 기억에서 희미해졌지만 완전히 사라질 수는 없었다. 어떤 것에 대해 의심이 들고

불확실할 때면 붙현듯 '안내를 부탁합니다'가 생각났다. [내가 모르는 것은 무엇

이든지 답을 해 주던 요청이 존재할 때 느꼈던 안도감이 이제 아련한 추억이 되었

다. 세 전화국의 안내 제도는 단는 질문에 답을 해 주지 않았다. 전화를 해서 안내

를 찾으면 대개는 "미안하지만 우리는 그런 정보를 가지고 있지 않습니다."라고

대답했다. 나는 켄 우드의 '안내를 부탁합니다'가 끝없이 질문을 던지는 꼬마에게

엄마나 큰 인내심과 이해심과 친절하게 대답해 주었는지를 깨닫게 되자 가슴

벅찬 같은 감사를 느꼈다.]

▲ '나'는 성인이 되어 전화기의 원리를 알게 된 뒤 '안내를 부탁합니다'에게 감사함을 느

꼈다.

 주제 읽기

1 안내를 부탁합니다 2 카나리아 3 전화기

5 자신에게 성실하게 답변해 준 '안내를 부탁합니다'가 얼마나 많은 안내심과 이해심으로 자신을 대했는지를 깨달았다는 내용이 앞에 나오므로 빈칸에 들어가기에 알맞은 낱말은 '감사'이다.

낱말 추론하기

5 자신에게 성실하게 답변해 준 '안내를 부탁합니다'가 얼마나 많은 안내심과 이해심으로 자신을 대했는지를 깨달았다는 내용이 앞에 나오므로 빈칸에 들어가기에 알맞은 낱말은 '감사'이다.

감상하기

6 '나'가 어린 시절의 '안내를 부탁합니다'를 떠올리면서 모르는 것은 무엇이든지 답을 해 주던 요청이 존재할 때 안도감을 느꼈다고 했으므로 은후의 감상은 글의 내용에서 이끌어 낼만한 내용이다.

미르: '나'가 '안내를 부탁합니다'를 존경한다고 했을 뿐 서로 존경하는 관계는 아니다.
재경: 이 이야기는 '나'가 어린 시절 만나면서 '안내를 부탁합니다'를 생각하며 쓴 글이다.

7 예시 답안

'나'는 성장한 뒤에 '안내를 부탁합니다'가 얼마나 큰 안내심과 이해심으로 친절하게 대했는지 깨닫고 그에게 깊은 감사를 느끼고 있다. 그렇기 때문에 '나'가 '안내를 부탁합니다'를 만나면 "저의 시시콜콜한 질문에 성실하게 답해 주시고, 제가 어려움에 처했을 때는 도움을 주시고, 슬픔에 잠겼을 때는 위로해 주셔서 정말 감사했습니다."라고 말했을 것 같다.

:D	이야기의 맥락과 '나'의 마음을 정확히 이해하고, '나'가 '안내를 부탁합니다'를 만났을 때 할 말을 상황에 어울리게 썼습니다.
:)	이야기의 맥락과 '나'의 마음은 어느 정도 이해하였으나, '나'가 '안내를 부탁합니다'를 부탁합니다'를 만났을 때 할 말을 상황에 어울리게 쓰지 못했습니다.
:(	이야기의 맥락과 '나'의 마음을 정확히 이해하지 못하여 '나'가 '안내를 부탁합니다'를 만났을 때 할 말을 상황에 어울리게 쓰지 못했습니다.

32~33쪽

1 ㉤ **2** ② **3** ① 전화 ② 상심 **4** ⑤ **5** ① **6** 은후
7 예시 답안 참고

세부 내용 파악하기

1 ㉤은 세 전화국의 안내 제도를 가리키는 것이다.
㉠~㉣은 전화 안내원인 '안내를 부탁합니다'를 가리키는 것이다.

소재의 의미 파악하기

2 이 이야기에 나오는 '고양이'는 '나'의 집에서 기르는 고양이이고, 고양이가 세기를 낳았을 때 '안내를 부탁합니다'가 '나'에게 가까이 다가와 가지 세기를 낳았을 때 '안내를 부탁합니다'가 '나'에게 가까이 다가와 가지 준 대상이다. 땡콩이나 밤 등 전화를 먹이라고 한 대상은 '나'를 떠나간 공원에서 잡은 다람쥐이다.

인물의 관계 파악하기

3 '나'는 어려운 일이 생기면 전화 안내원인 '안내를 부탁합니다'에게 전화를 걸어 여러 가지 질문을 하고 도움을 받으며 그녀를 존경하게 된다. 그리고 '안내를 부탁합니다'는 '나'의 수많은 질문에 친절하게 응대해 주고 '나'가 상심했을 때는 '나'를 다정히 위로해 준다.

이야기의 주제 파악하기

4 이 이야기는 '안내를 부탁합니다'에 도움을 청하는 어린아이에게 안내심과 이해심을 가지고 친절하게 대답하며 답을 해 주는 안내원의 모습을 통해 '어린아이의 맥락과 '나'의 마음을 정확히 이해하는 어른의 이해심을 전하고 있다.
이의 순수함을 존중하고 배려하는 어른의 이해심을 전하고 있다.

05 주장하는 글을 읽는 방법

3 회독 ★ 내가 표시한 내용과 다음을 비교하며 읽어 보세요.

- 문제 상황에 ○
- 주장과 근거가 드러난 부분에 ~~~
- 글쓴이의 입장이 드러난 부분에 [ ]

소리 없는 「4분 33초」는 음악일까?

1952년 미국의 한 공연장에서 연주자가 무대 위 피아노 앞에 앉아 악보를 올려놓고 피아노 뚜껑을 열었다. 청중들은 곧 이어질 음악 연주를 기다렸다. 그런데 그는 한 음도 연주하지 않고, 4분 33초 동안 가만히 앉아 있다가 뚜껑을 닫고 퇴장했다. 4분 33초 동안 연주자는 1도도 연주하지 않았다. 그러나 아무 소리도 없었던 것은 아니다. 관객들의 헛기침 소리, 제자를 만지는 소리, 이자를 고는 소리, 웅성거리는 소리, 바람 소리 등이 들려왔다. 무대 위 연주자가 연주가 아닌 객석에서 나는 각종 소리가 연주됐던 것이다. 이것은 존 케이지가 작곡한 「4분 33초」의 초연 장면이다.

▲ 미국의 한 공연장에서 아무 연주도 하지 않는 「4분 33초」 초연을 했다.

「4분 33초」는 발표되자마자 엄청난 논란을 일으켰다. 연주 당시 많은 청중이
_{문제 상황: 주장과 근거를 뺄게 만드는 상황}
도중 공연을 감상하지 못했고, 연주자가 악기를 연주하지 않는 이 곡을 음악으로 인정할 수 있는지에 대해 의문을 제기했다. 그러나 일부 사람들은 이 작품이 음악에 대한 새로운 질문을 던졌으며, 연주 없이도 음악적 경험이 가능하다는 것을 보여 주었다고 평가했다. 그렇다면 「4분 33초」는 음악일까?

▲ 「4분 33초」 초연 이후 이 곡을 음악이라고 할 수 있는지에 대한 논쟁이 일어났다.

나는 「4분 33초」가 음악이라고 생각한다. 왜냐하면 음악은 사람의 사상이나 감_{글쓴이의 주장}정을 표현하는 예술인데, 「4분 33초」는 '우연히 발생하는 모든 소리가 음악'이라_{「4분 33초」가 음악이라는 근거①}는 존 케이지의 생각을 잘 표현해 주었기 때문이다. [음악의 기원설을 살펴보면 _{글쓴이의 입장}동물을 흉내 내는 소리, 아기를 재우기 위해 흥얼거리는 소리, 동물의 뼈를 두드리거나 돌멩이 뿔에 바람을 불어넣어 내는 소리 등을 모두 음악이라고 보고 있다.]

▲ 「4분 33초」는 모든 소리가 음악이라는 존 케이지의 생각을 담고 있기 때문에 음악이라고 할 수 있다.

그리고 「4분 33초」는 엄연히 3개의 악장으로 구성된 형식이 있는 음악이다. 존 케이지가 만든 악보를 보면 음표는 없지만, 각 악장마다 어떻게 하라는 지시가 적_{「4분 33초」가 음악이라는 근거②}혀 있다. 각 악장의 첫 부분에 '아무것도 연주하지 말라'는 뜻의 라틴어 "TACET"가 적혀 있다. 「4분 33초」는 객석에서 들리는 우연한 소리를 포착해 음악으로 만드는 것이지, 그냥 소음이 아닌 것이다. 길가에 굴러다니는 돌과 미켈란젤로의 작품 다비드 조각상의 돌이 다른 것과 같다. 이 작품은 연주자의 연주가 없어도 음악적 경험이 가능하다는 것을 보여 준다.

▲ 「4분 33초」는 3개의 악장으로 구성된 형식을 갖추고 있으므로 음악이다.

존 케이지는 "우리가 어디를 가든 우리의 귀에 들리는 것은 대부분 소음이다. 우리가 소음을 귀찮게 여기면 소음은 우리를 괴롭힌다. 그러나 우리가 그것을 주의 깊게 들으려 한다면 마침내 소음이 얼마나 환상적인가를 깨닫게 될 것이다. 소음 이야말로 진이로운 음악이다."라고 말했다. 존 케이지의 말처럼 「4분 33초」는 존 케이지의 말처럼 「4분 33초」는 일상에서 접하는 모든 소리가 음악이 될 수 있다는 것을 일깨워 주었을 뿐만 아니라 음악을 새롭게 느끼게 하고, 그 의미를 다시 정의하게 해 주었다.

▲ 「4분 33초」는 일상의 모든 소리가 음악이 될 수 있다는 것을 일깨워 주고, 음악의 의미를 다시 정의하게 한 경의로운 음악이다.

★ 새로 알게 된 낱말이나 어려운 낱말을 써 보세요.

_____

_____

_____

_____

구조 읽기

1 음악   2 소리

1 신우 **2** ③ **3** ①, ⑤ **4** ④ **5** 성민, 효영 **6** ②
7 예시 답안 참고

문제 상황 파악하기

1 이 글은 아무 연주도 하지 않는 「4분 33초」를 음악이라고 할 수 있는지에 대한 논쟁이 일어난 것을 문제 상황으로 여기고 있다.

세부 내용 파악하기

2 「4분 33초」는 완전한 무음의 작품이 아니라 연주는 하지 않지만, 그 시간 동안 우연히 발생하는 다양한 소리들을 포착한 음악이다.
① 4 문단에서 「4분 33초」 악보에는 정해진 음표가 없다고 하였다.
② 4 문단에서 「4분 33초」 악보에는 각 악장마다 어떻게 하라는 지시가 적혀 있다고 하였다.
④ 5 문단에서 음악의 정의와 의미를 다시 생각하게 한 정의로운 음악이라고 하였다.
⑤ 4 문단에서 연주자의 연주가 없어도 음악적 경험이 가능하다고 하였다.

근거 파악하기

3 글쓴이는 「4분 33초」는 우연히 발생하는 모든 소리가 음악이 될 수 있다는 존 케이지의 생각을 표현했다는 것과 3악장으로 이루어진 형식을 갖춘 음악이라는 것을 근거로 들어 「4분 33초」가 음악이라는 것을 주장하고 있다.

주장하는 글을 읽는 방법 파악하기

4 「4분 33초」의 초연 장면이 실감 나게 설명되어있는지를 파악하며 읽는 것은 주장하는 글을 읽는 방법으로 알맞지 않다.
① 주장하는 글을 읽을 때는 글쓴이가 이런 주장을 펴게 된 문제 상황이 무엇인지 파악하며 읽어야 한다.
② 주장하는 글을 읽을 때는 글쓴이의 주장이 무엇인지 살펴며 읽어야 한다.
③ 주장하는 글을 읽을 때는 근거가 주장과 관계 있는지를 확인하며 읽어야 한다.
⑤ 주장하는 글을 읽을 때는 글쓴이의 생각과 자신의 생각을 비교하며 비판적으로 읽어야 한다.

입장 비교하기

5 성민은 소음은 음악이라고 생각하지 않고, 효영은 정해진 음표대로 연주된 음악만을 음악이라고 생각하고 있다. 따라서 이 둘은 세상의 모든 소리는 음악이라고 생각하는 글쓴이와 입장이 다르다.

적용하기

6 글에서 설명한 라우센베그의 회화 작품 '흰색 회화'는 주변의 움직임으로 캔버스가 채워지는 그림이다. 그리고 존 케이지가 이 그림의 영향을 받아 만든 「4분 33초」는 주변의 우연한 소리로 채워지는 음악이다.

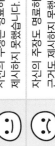

7 예시 답안

「4분 33초」는 음악이라고 할 수 없다. 그 까닭은 보통 사람들이 생각하는 음악의 정의에 어긋나기 때문이다. 음악이란 박자, 가락, 음성 따위를 정해진 형식에 맞추어 연주하는 것이다. 「4분 33초」는 악장만 정해져 있을 뿐 구체적인 형식이 없으니 매번 다른 연주가 이루어진다. 이것은 음악이라기보다 퍼포먼스에 가깝다. 「4분 33초」는 음악이 아닌 다른 것으로 분류되는 게 맞다.

:D	자신의 주장을 명료하게 밝히고, 자신의 주장을 뒷받침해 줄 타당한 근거를 제시해 썼습니다.
:)	자신의 주장은 명료하게 밝혔으나, 자신의 주장을 뒷받침해 줄 타당한 근거를 제시하지 못했습니다.
:(	자신의 주장도 명료하게 밝히지 못하였고, 자신의 주장을 뒷받침해 줄 타당한 근거도 제시하지 못했습니다.

06

시의 소개

- 시적 대상에 ○
- 시의 주제와 관련 있는 소재에 ~~~
- 인상적인 표현에 [ ]

★ 내가 표시한 내용과 내용과 예시 답을 비교하며 읽어 보세요.

만돌이

1연

(만돌이)가 학교에서 돌아오다가
시적 대상
전봇대가 있는 데서
돌짜기 다섯 개를 주웠습니다.
시험 점수를 점치기 위한 소재

2연

[전봇대를 겨누고
만돌이가 돌을 던지는 장면이 생생하게 전달됨.
돌 첫 개를 뿌렸습니다.
- 딱 -
두 개를 뿌렸습니다.
- 아뿔싸 -
세 개째 뿌렸습니다.
- 딱 -
네 개째 뿌렸습니다.
- 아뿔싸 -
다섯 개째 뿌렸습니다.
- 딱 -]

3연

[다섯 개에 세 개······ / 그만하면 되었다.
돌멩이로 점친 결과로 시험 점수를 예상하고 공 차러 가는 만돌이의 모습을 재미있게 표현함.
내일 시험
만돌이가 고민을 하게 만드는 소재
다섯 문제에 세 문제만 하면—
손꼽아 구구를 하여 봐도
하양 육십 점이다. / 볼 거 있나 공 차러 가자.]

★ 새로 알게 된 낱말이나
어려운 낱말을 써 보세요.

_____

_____

_____

4연

[그 이튿날 만돌이는
만돌이의 생활 속에 마무리하여 여운을 남김.
꼼짝 못하고 선생님 한테
한 종이를 바쳤을까요.
시험 문제를 놓치 못한 바지로, 만돌이가 시험을 망친 것을 의미하는 소재
그렇잖으면 정말
육십 점을 맞았을까요.]

1연
만돌이가 하교에서 돌아오다가 돌짜기 다섯 개를 줍는 상황이 나타나 있다.

2연
만돌이가 주운 돌짜기 다섯 개를 전봇대에 던져 시험 점수를 점친다. '딱'은 돌짜기가 전봇대에 맞는 소리이고, '아뿔싸'는 돌짜기가 전봇대에 맞지 않아 만돌이가 안타까워하는 혼잣말이다.

3연
만돌이가 주운 돌짜기 다섯 개로 점친 결과 다섯 개에 세 개가 전봇대에 맞자 육십 점은 맞을 거라며 배짱 좋게 공 차러 가는 상황이 나타나 있다.

4연
말하는 이는 시험에 대한 걱정을 장난스럽게 해결한 만돌이가 이튿날 어떻게 되었을지 궁금증을 던지고 있다.

짚어보기

1 돌짜기   2 육십

1 ① 세 개 ② 육십 2 ③ 3 돌짜기 4 (1) X (2) ○
5 ③ 6 예은 7 예시 답안 참고

 이해

시에 나타난 상황 파악하기
1 만돌이는 하굣길에 전봇대 근처에서 주운 돌멩이를 전봇대에 던져서 다섯 개 중 세 개를 맞힌다. 이에 내일 시험에서 육 십 점을 맞을 거라 예상하고 공을 차러 간다.

세부 내용 파악하기
2 시의 마지막 연에서 말하는 이는 만돌이의 시험 성적을 궁금해하고 있다. 따라서 이 시의 말하는 이가 만돌이의 행동을 보고 있는 사람임을 알 수 있다.
① 1연에서 '학교에서 돌아오다가 돌짜기를 주웠다'고 했으므로, 학교에서 주웠다는 것은 알 맞지 않다.
② 만돌이가 '구구를 한 것은 돌멩이 점으로 자신의 내일 시험을 점치는 것이지 내일 시험이 구구단이라는 것은 아니다.
④ 3연에서 만돌이가 돌멩이를 던진 결과로 점수를 예상하고 공 차러 가는 모습은 시험 공부를 하기 싫어하는 모습을 뿐 지난 시험의 성적으로 고민하는 것은 아니다.
⑤ 마지막 연에서 말하는 이는 '흙 종이를 바쳤을까', '육십 점을 맞았을까' 궁금해하고 있으므로, 말하는 이가 만돌이가 육십 점을 맞을 것이라고 생각했다는 것은 알맞지 않다.

소재의 의미 파악하기
3 이 시에 나오는 소재 중에 만돌이가 시험 점수를 점쳐 보는 것이면서 만돌이가 공 차러 갈 핑계를 만들어 주는 것은 '돌짜기'이다.

소재의 의미 파악하기
4 (1) '시험'은 공부하지 않고 공을 차러 가고 싶은 만돌이에게 고민을 하게 만드는 대상일 뿐 기대하는 대상은 아니다.
(2) '흙 종이'는 만돌이가 '꿈쩍 못하고 선생님한테 바치는 것'으로 문제를 제대로 풀지 못해서 하얗게 비어 있는 시험지를 빗대어 표현한 것이다.

함축적 의미 추론하기
5 이 시에서 만돌이는 공부하기는 싫고 공 차러 가고 싶은 마음에 돌짜기로 전봇대를 맞추면서 성적을 점쳐 보며 요령을 부리고 있다.

 표현

감상하기
6 3연의 '그만하면 되었다'는 돌멩이로 점을 치고 나서 5개 중에 3개를 맞혔으면 만족한다는 의미이다. 따라서 예은이처럼 이를 최선을 다한고서 한 말이라고 이해하는 것은 알맞지 않다.

7 예시 답안
• 사용한 소재: 연필
• 까닭: 시험 볼 때 가장 가까이에 있는 물건으로, 긴장되는 나의 마음을 가장 잘 이해하고 있는 도구이기 때문이다.

:D	'시험'이라는 주제를 잘 드러내 좋은 소재를 선택하였고, 그 소재를 선택한 까닭도 설득력 있게 잘 썼습니다.
:)	'시험'이라는 주제를 잘 드러내 좋은 소재를 선택하였으나, 그 소재를 선택한 까닭을 설득력 있게 쓰지 못했습니다.
:(	'시험'이라는 주제를 잘 드러내 좋은 소재를 선택하지 못하였고, 그 소재를 선택한 까닭도 설득력 있게 쓰지 못했습니다.

07

설명 방법 - 분류

- 중심 글감에 ○
- 분류 기준에 ~~~
- 글쓴이가 하고자 하는 말에 [ ]

★ 새로 알게 된 낱말이나 어려운 낱말을 써 보세요.

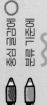

3 회독 ★ 내가 표시한 내용과 예시 답들 비교하며 읽어 보세요.

나를 이해하고 남을 이해하는 MBTI

"나 우울해서 빵 빵 샀어."라는 말을 들어 본 적 있나요? 이는 사람들이 MBTI 유형 중 하나를 알아보기 위해 장난스럽게 던지는 질문이에요. 그 질문에 "무슨 빵 샀어?"라고 반응하는 유형과 "왜 우울한데?"라고 반응하는 유형이 있는데, 이에 따라 사고형인지 감정형인지를 파악하는 거예요. MBTI는 사람들의 성격 유형을 각 기준에 따라 분류한 후 이를 조합하여 16가지로 나타내는 지표예요. 그러면 기준에 따라 각 유형에는 어떤 특징이 있는지 살펴 볼까요?

▲ MBTI는 성격 유형을 나타내는 지표이다.

에너지의 방향 - 외향형(E)과 내향형(I)
분류 기준 ①: 에너지를 얻는 방향

사람은 음식뿐만 아니라 관계나 활동을 통해서도 에너지를 얻어요. 외향형과 내향형은 에너지의 방향에 따라 분류한 거예요. 외향형(E)은 외부로부터 에너지를 얻는 유형이에요. 활동적이고 사교적이며, 새로운 경험을 추구하는 경향이 사람들 앞에서 에너지를 얻는 유형이에요. 내향형(I)은 자기 내면으로부터 에너지를 얻는 성격 유형이에요. 조용하고 세심하며, 다양한 관계보다는 깊은 관계를 중시하지요.

▲ 외향형은 외부로부터 내면으로부터 에너지를 얻는 유형이다.

인식 방식 - 감각형(S)과 직관형(N)
분류 기준 ②: 사람이나 사물을 인식하는 방식

우리는 늘 정보를 수집하고 인식해요. 감각형과 직관형은 사람이나 사물을 인식하는 방식에 따라 분류한 거예요. 감각형(S)은 무언가를 인식할 때, 자신의 오감과 경험에 의존하는 유형이에요. 현실적이고 현재에 중점을 두며 실제 경험을 중시하지요. 직관형(N)은 직관, 즉 영감에 의존하는 유형이에요. 미래지향적이고 창의적으로 사고하지요. 인 것에서 의미를 발견하며 창의적으로 사고하지요.

▲ 감각형은 오감과 경험에, 직관형은 직관에 의존하는 유형이다.

판단 방식 - 사고형(T)과 감정형(F)
분류 기준 ③: 정보나 상황을 판단하는 방식

우리는 늘 어떤 일을 겪고 무엇인가를 결정해요. 사고형과 감정형은 정보나 상황은 판단 방식

(이어서)

에 따라 분류한 것이에요. 사고형(T)은 객관적인 기준을 갖고 정보를 비교 분석하고 논리적이고 합리적으로 판단하는 유형이에요. 진실과 사실에 관심을 갖고 객관적으로 판단하지요. 감정형(F)은 사람들의 감정과 관계를 고려하여 판단하는 유형이에요. 다른 사람과의 조화를 중시하고, 사람들에게 공감을 잘하지요.

▲ 사고형은 객관적인 기준으로, 감정형은 사람들의 감정과 관계를 고려하여 판단한다.

생활 방식 - 판단형(J)과 인식형(P)
분류 기준 ④: 생활 방식

사람마다 삶의 방식이 다 달라요. 판단형과 인식형은 생활 방식에 따라 분류한 거예요. 판단형(J)은 목적을 이루기 위해 체계적으로 행동하는 것을 좋아하는 유형이에요. 목적을 이루기 위해 계획을 세워 체계적으로 일을 처리하지요. 인식형(P)은 상황에 맞추어 융통성 있게 행동하는 성격 유형이에요. 모험이나 변화에 대한 열망이 크고 모든 일에 임해 호기심이 많으며 상황에 따라 유연하게 행동하지요.

▲ 판단형은 목적의식이 뚜렷하고 합리적으로, 인식형은 융통성있고 유연하게 행동한다.

MBTI는 사람들의 성격을 이해하고, 서로 다른 성향을 존중하는 것은 위험해요. 사람은 MBTI의 16가지 유형에 넣을 수 없을 만큼 다양한 성격을 갖고 있는데, MBTI는 몇 가지 유형으로 사람을 판단하고 평가하기 때문이에요. 또한 성격은 다양한 경험과 환경에 따라 변화할 수 있어요. 따라서 [MBTI를 참고하되 무조건 믿지는 말아야 해요. 각 유형이 하고자 하는 말 각의 성격은 장점과 단점을 모두 가지고 있으므로, 자신의 성격을 이해하고 타고 난 성격의 장점을 성숙하게 잘 활용하면 균형 잡힌 사람이 될 거예요.]

▲ MBTI는 사람들을 이해할 때 참고하면 좋고 이에만 무조건 믿어서는 안 된다.

구조 읽기

1 에너지   2 인식   3 판단   4 생활

52~53쪽
1 ③ **2** ② **3** ⑤ **4** ② **5** 달구 **6** (3) ○
7 예시 답안 참고

 이해

설명 대상 파악하기
1 이 글은 MBTI의 성격 유형을 4개의 기준으로 분류하여 설명하고 있다.

세부 내용 파악하기
2 상황에 맞추어 목적과 방향을 변경하여 행동하는 것은 판단형(J)의 특징이 아닌 인식형(P)의 특징이다.
① 1문단에서 MBTI는 사람들의 성격 유형을 각 기준에 따라 분류한 후 이를 조합하여 16가지로 나타낸다고 하였다.
③ 6문단에서 사람들의 성격은 다양한 경험과 환경에 변화할 수 있다고 하였다.
④ 3문단에서 직관형(N)은 직관에 의존하여 사람이나 사물을 인식한다고 하였다.
⑤ 2문단에서 외향형(E)은 활동적이고 사교적이며 새로운 경험을 추구하는 경향이 있다고 하였다.

 적용

설명 방법 파악하기
3 이 글은 MBTI의 성격 유형을 에너지의 방향, 인식 방식, 판단 방식, 생활 방식을 기준으로 묶어서 설명하고 있다. 이처럼 일정한 기준에 따라 같은 것끼리 묶어서 설명하는 방법을 '분류'라고 한다.

글의 짜임을 드러내는 말 찾기
4 분류 짜임의 글을 드러내는 말에는 '~에 따라', '~을 기준으로' 등이 있는데 이 글에 사용된 말은 '~에 따라'이다.

반응의 적절성 파악하기
5 사람의 성격은 매우 다양하기 때문에 MBTI의 몇 가지 유형으로 사람을 판단하고 평가하는 것은 좋지 않다. 그리고 MBTI만으로 한 사람의 모든 것을 파악할 수 있는 것은 아니다. 따라서 이 글을 읽고 알맞게 반응하지 않은 친구는 달구이다.

적용하기
6 '나'는 사람들과 어울리는 걸 좋아한다는 걸로 보아 '외향형(E)'이고, 현실적이고 실용적인 것을 중요하게 생각한다는 걸로 보아 '감각형(S)'이며, 논리적인 것을 좋아하고 합리적으로 생각한다는 걸로 보아 '사고형(T)'이며, 계획을 세우고 지키는 것을 좋아한다는 걸로 보아 '판단형(J)'이다. 이 네 가지 특징을 조합해 봤을 때 '나'의 MBTI는 ESTJ이다.

7 예시 답안
나의 MBTI는 INFJ이다. 나는 조용히 혼자 책을 보거나 피아노 치는 것을 좋아하며 주로 집에 있고, 상상하는 것과 창의적으로 생각하는 것을 좋아해서 SF동화 쓰기를 취미로 하고 있다. 또 다른 사람과 소통하거나 어떤 일을 판단할 때는 상대방의 감정을 고려하고, 생활을 할 때는 목표에 따라 계획을 세우고 그 계획을 중심에 수행하고자 한다.

^D	MBTI 성격 유형 기준에 따라 자신의 성격을 정확히 분석한 내용을 명확하고 구체적으로 썼습니다.
:)	MBTI 성격 유형 기준에 따라 자신의 성격을 정확히 분석하였으나, 분석한 내용을 명확하고 구체적으로 쓰지 못했습니다.
:(	MBTI 성격 유형 기준에 따라 자신의 성격을 정확히 분석하지 못하였고, 분석한 내용을 명확하고 구체적으로 쓰지 못했습니다.

08
글에 나타난 시간 표현

중심 글감에 ○
시간 표현이 나타난 부분에 ~~~
글쓴이가 하고자 하는 말에 [ ]

★ 내가 표시한 내용과 예시 답을 비교하며 읽어 보세요.

3 회독

불쾌한 골짜기

1 '폴라 익스프레스'는 크리스마스이브에 산타를 기다리는 한 아이의 모험을 그린 애니메이션이다. 뛰어난 기술력으로 캐릭터를 실제 사람과 유사하게 구현해 큰 기대를 받으며 지난 2004년에 개봉했다. 그런데 극장에서 영화를 본 아이들이 무서운 장면이 아닌데도 무서워하는 현상이 나타나 화제가 되었다. 이러한 현상은 일본의 로봇 과학자인 모리 마사히로 박사가 1970년에 언급한 (불쾌한 골짜기) 로 설명할 수 있다.

과거 시간 표현 / 알 수 있는 구체적인 시간 / 중심 글감

▲ 인간과 지나치게 닮은 캐릭터를 보고 공포감을 느낀 불쾌한 골짜기 사례가 나타났다.

2 불쾌한 골짜기는 인간이 '인간이 아닌 존재'에 대해 느끼는 감정에 관한 이론이다. 로봇이나 인형이 인간의 모습과 어느 정도 비슷하면 호감도가 증가하다가, 어느 선을 넘으면 순식간에 불쾌감으로 바뀐다. 그러다가 로봇이나 인형의 생김새가 인간과 구별할 수 없을 정도가 되면 호감도가 다시 증가한다. 호감도 곡선이 올라가다가 아래로 뚝 떨어지는 그 지점이 마치 골짜기 모양과 같아 '불쾌한 골짜기'라는 이름이 붙었다.

▲ 불쾌한 골짜기는 로봇이나 인형이 인간과 거의 비슷하지만 완전히 같지는 않을 때 강한 불쾌감을 느끼는 현상이다.

3 2015년, 미국의 마야 마셔 박사가 이끄는 연구팀은 이 이론을 실험으로 증명했다. *알 수 있는 구체적인 시간* 연구팀은 로봇 얼굴 사진 80개를 사람들에게 보여 주고 호감도 점수를 매기게 한 뒤, 그중 하나라도 투자한다면 어느 것에 할지 선택하도록 했다. 사람들이 선택한 결과를 분석하니 '불쾌한 골짜기'와 비슷한 곡선이 나타났다. 이 연구를 진행한 마셔 박사는 "이 연구는 사람들이 로봇을 인식할 때 실제로 불쾌한 골짜기 현상이 나타난다는 것을 보여 준다."라고 밝혔다.

▲ 사람들이 로봇을 인식할 때 실제로 불쾌한 골짜기 현상이 나타난다는 것을 마야 마셔 박사 연구팀이 증명하였다.

4 그렇다면 불쾌한 골짜기 현상이 나타나는 이유는 무엇일까? 인간은 로봇이나 인형이 인간과 어느 정도 닮았을 때는 비슷한 점을 찾으며 친밀감을 느낀다고 한다. 하지만 지나치게 많이 닮았을 때는 반대로 차이점을 찾게 되어 인간과 비슷하게 생겼는데 어딘가 다른 모습에서 불쾌감을 느낀다고 한다. 영국 케임브리지대 기대하과 독일 아헨공대 공동 연구팀의 연구 결과에 따르면, 인간과 어느 정도 닮은 휴머노이드 로봇을 볼 때는 뇌의 한 영역인 전전두피질이 활성화되어 있지만, 인간과 아주 흡사한 로봇을 보았을 때는 그렇지 않았다고 한다.

▲ 불쾌한 골짜기 현상은 사람과 어느 정도 비슷하면 비슷한 점을 찾고 사람과 많이 비슷하면 차이점을 찾기 때문에 일어난다.

5 요즈음 인공 지능 연구자들이나 로봇 과학자들은 불쾌한 골짜기 현상에서 인간과 *현재 시간 표현* 친밀한 로봇에 대한 단서를 얻고 있다. 로봇 공학자인 데니스 홍 교수는 "로봇이 사람을 도와줄 도구라면 기능에 따라 생김새를 결정해야지 꼭 사람과 같은 모습일 필요는 없다."라고 말했다. 그리고 인간과의 교감 면에서도 로봇을 만화 캐릭터처럼 단순한 입술만 기계적으로 움직여도 감정을 충분히 전달할 수 있다고 설명했다. [앞으로 로봇과 인공 지능을 개발할 때는 외형과 행동의 적절한 조합을 찾아야 할 것이다.]

미래 시간 표현 / 글쓴이가 독자에게 하고 싶은 말

▲ 불쾌한 골짜기가 인간과 공존할 인공 지능이나 로봇 개발의 단서가 되고 있다.

★ 새로 알게 된 낱말이나 어려운 낱말을 써 보세요.

바로 채점

1 불쾌감   2 로봇

1 ④　2 ④　3 ① → ③ → ②　4 ① 했다　② 앞으로
5 지성, 민국　6 ⑤　7 예시 답안 참고

세부 내용 파악하기

1 이 글에 불쾌한 골짜기를 반대하는 근거는 드러나 있지 않다.

① 1문단에 인간과 지나치게 닮은 캐릭터를 보고 공포감을 느낀 불쾌한 골짜기 사례가 드러나 있다.

② 2문단에 불쾌한 골짜기의 개념이 드러나 있다.

③ 3문단에 불쾌한 골짜기 이론을 실험으로 증명한 연구팀 이야기가 드러나 있다.

④ 4문단에 불쾌한 골짜기 현상이 나타나는 까닭이 드러나 있다.

자료 분석하기

2 ⑤은 로봇이 어느 수준 이상으로 인간의 모습과 유사해질 때 나타나는 현상이라고 하였으므로, '인간과의 유사성'은 높을 것이고, 강한 거부감이 들며 불쾌감으로 바뀐다고 하였으므로, '호감도'는 가장 낮을 것이다. 따라서 ⊙이 들어갈 위치는 ❹이다.

일이 일어난 순서 파악하기

3 ①은 1970년, ③은 2004년, ②는 2015년에 일어난 일이다.

시간 표현 파악하기

4 첫 번째 칸에는 과거를 나타내는 어미 '-했다'가, 두 번째 칸에는 미래를 나타내는 미래를 나타내는 시간 표현인 '앞으로'가 들어가는 것이 알맞다. '~할 것이다'는 미래에 일어날 일을 표현할 때 쓰는 어미이다. 그리고 '이전에는'도 과거 시간 표현한다.

비슷한 경험 파악하기

5 영화 '캣츠'의 '캐릭터는 고양이인데도 불구하고 사람의 모습을 어색하게 따르고 있어 불쾌한 골짜기 현상을 일으킬 수 있다. 그리고 마케팅 로봇이 사람과 닮았지만 사람과 구별하지 못할 만큼 닮지 않고 사람과 뭔가 달라서 불쾌감이 생긴 것이다. 따라서 지성과 민국이 불쾌한 골짜기를 경험한 친구이다.

내용 추론하기

6 보기에서는 비주얼 아이돌을 실제 사람과 닮게 하지 않고 인화 캐릭터처럼 만들었을 때의 장점이 있음을 나타낸다. 따라서 로봇의 생김새가 꼭 사람과 흡사해야 할 필요가 없다는 내용인 5문단과 관련이 있다.

예시 답안

7 아제 인터넷 지식백과에서 얼굴에 감정을 표현할 수 있는 인공 지능 로봇인 '소피아' 사진을 보았다. 사람과 비슷하게 생겼지만 완전히 똑같지는 않은 '소피아'의 모습에서 왠지 모를 섬뜩함이 느껴졌다. 소피아가 지난 2015년에 처음 등장했을 때도 사람들이 섬뜩하다는 반응을 보였다.

😊	시간을 나타내는 표현을 두 개 이상 사용하여 불쾌한 골짜기 관련 경험을 잘 썼습니다.
🙂	시간을 나타내는 표현을 한 개만 사용하여 불쾌한 골짜기 관련 경험을 썼습니다.
🙁	시간을 나타내는 표현을 한 개도 사용하지 않았고, 불쾌한 골짜기에 대한 경험도 알맞게 쓰지 못했습니다.

09

인물의 마음 변화

중심 사건에 ○
인물들의 관계가 나타난 부분에 ~~~
'나'의 마음이 드러난 부분에 [ ]

3회독 ★ 내가 표시한 내용과 예시 답을 비교하며 읽어 보세요.

볼 때진 사이에

"승강기가 멈췄어요. 고장 났나 봐요. 여보세요."
"지금 아파트 전체가 정전인데요. 몇 동이에요. 몇 층에 있어요?"

승강기 스피커를 통해 아저씨의 목소리가 들렸다. 나는 다급히 소리쳤다.

"3동요, 여기 두 명 있어요." / "저는 3동 502호 살아요. 집으로 전화 좀 해 주세요, 아저씨." / 등 뒤에서 울먹이는 목소리가 들려왔다. / '한소혜?'

502호라는 말을 듣고 나도 모르게 불쑥 이름을 말하고 말았다. 그 애가 물었다.

"나 알아? 넌 누군데?" / 나는 잠깐 망설였다. 내가 이름을 말하면 소혜도 모를 수 있다. 같은 반이라 얼굴은 알 테지만, 우리는 1학기 내내 이야기를 나눈 적이 없었으니까. 하지만 답이 궁리 코필을 수도 없었다. 어차피 우리는 금방 구조될 것이다. 밖으로 나가는 순간 모든 것 우연해질지도 모른다.

"나랑 같은 반 이진주……." / "이진주? 그 아재? 아, 미안……."

▲ 고장 난 승강기에 갇혼 반나절이면 서먹한 사이인 '나(이진주)'와 한소혜가 건넸다.

역시 나를 그렇게 알고 있구나. [난 그런 말이 우스웠다. 왜 자기를 기준으로 사람을 구분해 별명까지 붙이는 걸까?] 〈중략〉 / "그래도 난 혼자 있는 게 낫지 않아. 쉬는 시간마다 혼자 있을 자신도 없어." / "넌 가만히 있어도 아이들이 답라붙잖아."

나는 깜짝 놀랐다. 소혜가 이렇게까지 솔직하게 말을 줄 몰랐다.

"아이들은 네가 제미있기를 바라고 원해. 난 개들을 실망시킬 수가 없어. 그래서 유행하는 춤이 있으면 인터넷으로 제일 먼저 배워 잘 출 때까지 얼마나 연습하는지 알아? 유행하는 물건은 가장 먼저 산다고, 두 번째로 사면 이미 관심에서 멀어지니까. 용돈이 다 떨어지면 심부름이나 집안일로 벌어. 어떤 때는

나는 보이지도 않는 아픔 속의 소혜 얼굴을 바라봤다. 어떤 표정일까 궁금했다.

〈중략〉

▲ 어둠 속에서 소혜는 혼자 있기 싫어 친구들에게 잘 보이려 노력하는 자신의 속마음을 '나'에게 솔직하게 털어놓았다.

"이진주, 너 아까 정말 정의로웠어."
"뭐야, 한소혜. 이런 요즘 유행하는 놀림이니? 너 오늘 나한테 용감하다, 제미있다, 당당하다, 그렇어. 그리고 이번엔 정의로워?"
"아니야, 너 정말 그래. 난 오늘 처음 알았어."
"아, 나도 오늘 처음 알았네. 내가 이렇게 멋진 애인 줄은."

소혜가 쿡 하고 웃었다. 나도 어쩌구니가 없어 씻 하고 웃었다.
"내가 경비실로 연락할 때만 해도 내가 누군지 몰랐느네 이진주라니까, 진짜 놀랐어. 맨날 조용히 있는 애라고만 알았는데, 나설 때는 나서는구나, 싶으면 좋았어. 싶다고 말하고, 이른한테 막 따지기도 하고."
"내가 안 했으면 네가 했을 거 같은데." / "아니야. 난 못 해. 미운말은가 봐 못 해."

[미운받는 걸 좋아하는 사람이 어디 있을까. 나야말로 정말 싫다. 그래서 누구보다 소심하게 말하고, 왠만하면 눈에 띄지 않게 조용히 지내고, 걸핏하면 뒤로 숨어 버린다. 하지만 내 공간, 내 시간, 나만의 자유를 방해받는 건 더 싫다. 생각해 보니 내가 용기를 낼 때는 그럴 때였나 보다.]
"너 보니까, 아싸라고 꼭 불행한 것 같지는 않아." / [소혜가 말했다. 불행이라는 말이 마음에 안 들었지만, 나는 소혜가 한 말을 그대로 흥내 내어 말했다.]
"그래, 너 보니까 인싸라고 다 행복한 것 같지도 않다."

내가 어둠 속이 보이지 않는 소혜를 흥겨보 젓처럼 소혜도 어둠 속에 나를 흥겨봤을까? 우리는 약속이나 한 것처럼 동시에 웃음을 터뜨렸다.

▲ 승강기 밖에서 소혜는 마음 받는 걸 두려워하지 않는 '나'의 태도를 칭찬하고, '나'와 소혜는 서로를 이해하게 되었다.

주제 읽기
1 승강기   2 소혜   3 마음

★ 새로 알게 된 낱말이나 어려운 낱말을 써 보세요.

64~65쪽

1 (1) 한소해 (2) 이진주 **2** ③ **3** (1) ㉠④ (2) ㉡③ (3) ㉢② (4) ㉣①
4 ② **5** (2) ○ **6** 다해 **7** 예시답안 참고

등장인물 파악하기
1 이 이야기에서 말하는 이인 '나(이진주)'는 혼자 조용히 있는 '아싸'이지만, 나설 때는 나서는 아이다. 이진주와 같은 반 친구인 한소해는 가만히 있어 도 아이들이 답리불을 정료로 인기 있고 판심받는 걸 좋아하는 '인싸'이다.

세부 내용 파악하기
2 이 글에 '나'는 마음 받는 걸 싫어해서 소심하게 말하고, 눈에 띄지 않게 조 용히 지내고, 걸핏하면 뒤로 숨느다고 나온다.
① '나'와 소해는 같은 반이지만 이야기를 나눈 적이 없는 사이이다.
② '나'는 소해와 같은 반인 것을 알고 있었다.
④ 점마실에 전화를 건 것은 소해가 아니고, '나'이다.
⑤ 소해는 '나'가 용감한 아이라는 걸 오늘 처음 알았다.

인물의 마음 이해하기
3 ㉠에서는 '나'가 자기들 마음대로 사람을 구로 짓는 모습을 우스워하고 있다. ㉡에서는 '나'가 조금씩 소해에게 관심을 가지게 됨을 느낄 수 있다. ㉢에서 는 소해가 '나'의 모습에 놀라워하면서 멋지다고 느끼고 있다. ㉣에서는 '나'와 소해가 서로를 알고 서로의 마음이 통하는 것을 느끼고 있다.

인물의 마음 변화 파악하기
4 '나'와 소해는 승강기 안에서 서로 서먹해 하다가 소해가 숨마음을 털어 놓 자 서로 마음을 열게 된다. 그리고 승강기 밖에서 서로를 이해하게 된다.

인물의 마음 집작하기
5 처음에 서로 서먹하고 불편했던 두 사람이 볼 꺼진 사이에 어둠 속에서 속 마음을 털어놓으면서 서로를 이해하는 마음이 생겼다.

감상하기
6 이 이야기는 서로 잘 못했던 두 친구가 고장 난 승강기에 갇힌 후 자신의 속 마음을 솔직하게 털어놓으며 서로 공감과 이해를 하게 되는 주제를 담고 있다.
정우: '나는 위급한 상황에서 침착한 모습을 보이고 있지만 다친 친구를 구조해 주는 모습은 나 타나 있지 않다.
주은: 소해가 진주에게 '아싸'라는 표현을 하고 있기는 하지만 평소에 자신의 마음을 털어놓고 있는지 나 타나 있지 않다. 도한 승강기 안에서 소해가 솔직하게 자신의 마음을 털어놓고 있을 뿐 자 신이 필요하다고 '나'를 찾고 있지는 않다.

7 예시답안
• 가장 진한 친구인 줄 알았는데 배신을 당했다.
• 작년에 나랑 가장 친하게 지냈던 은행이는 내가 가장 믿었던 친구였다. 숨마음을 털어놓고 비밀 이야기도 많이 했다. 그런데 은행이가 소현이에 게 내 이야기를 안 좋게 했다는 것을 소현이에게 들었다. 그 이야기를 듣 고는 은행이에 대한 믿음이 완전히 무너졌고, 은행이가 너무나 미웠다. 미 워하는 마음이 생기고 나서는 더 이상 은행이와 진하게 지낼 수가 없었다.

:D	친구에 대한 마음 변화와 마음이 바뀌게 된 사건이 잘 드러나게 썼습니다.
:)	친구에 대한 마음 변화가 잘 드러나 있으나, 마음이 바뀌게 된 사건이 드러나게 쓰지 못했습니다.
:(	친구에 대한 마음 변화와 마음이 바뀌게 된 사건이 드러나게 쓰지 못했습니다.

나 환자 치료에 우선순위를 정하면 안 된다

코로나19 당시, 중환자들이 늘어나 병상과 치료 장비가 부족했다. 그때 치료 장비를 노인과 같이 치명률이 높은 환자를 살리는 데 먼저 사용할지, 젊고 회복 가능성이 높은 사람에게 먼저 사용할지를 두고 논란이 일어났다. 하지만 환자 치료에 우선순위를 정해 두는 것은 위험하다. 그 이유는 다음과 같다.

▲ **주장: 환자 치료에 우선순위를 정하면 안 된다.**

첫째, [모든 인간은 똑같이 존엄하며, 생명의 가치는 비교할 수 없기 때문이다.] 만약 응급실에 20대 환자와 70대 환자가 동시에 온다면 누구를 먼저 치료해야 할까? 오늘날 응급실에서는 '의료 자원에 한계가 있을 때, 회복 가능성이 높고 남은 삶의 시간이 긴 환자부터 치료해야 한다'라는 '치료 순서 원칙'에 따라 20대 환자를 먼저 치료한다. 그런데 70대 환자의 생명이 20대 환자의 생명보다 덜 소중한 걸까? 치료의 우선순위를 정하는 것은 어떤 환자의 생명을 더 가치 있다고 여기는 것이어서 매우 위험하다.

▲ 근거 1: 모든 인간은 존엄하고 생명의 가치는 비교할 수 없다.

둘째, [질병은 복잡하고 진행 상황도 환자에 따라 다르기 때문에 어떤 질병이 더 심각하고, 어떤 환자가 더 위급한지 기준을 정하는 것이 매우 어렵다.] 그래서 공정하고 객관적인 판단을 통해 치료의 순서를 정할 수밖에 없는데, 그 과정이 공정하고 투명하지 않을 수 있다. 그러므로 어느 환자를 먼저 치료해야 하는지를 정하는 느리 시간을 낭비하지 말고 오는 대로 치료해야 한다. / 이처럼 인간의 존엄성과 질병의 복잡성을 생각했을 때 환자 치료에 우선순위를 정하는 것은 매우 까다롭고 어렵다. 그러므로 우선순위를 정하지 말고 병원에 온 순서대로 치료를 해야 한다.

▲ 근거 2: 질병은 복잡하여 어떤 환자가 더 위급하다고 판단하기 어렵다.

핵심한기

1 시기   2 자원   3 존엄

3회독 ★ 내가 표시한 내용과 예시 답을 비교하며 읽어 보세요.

가 환자 치료에 우선순위를 정해야 한다

지방의 한 병원에서 환자 치료 순서 때문에 응급실 업무가 마비되는 일이 일어났다. 뉴스 보도에 따르면 의료진이 나중에 온 심장정지 환자를 먼저 치료해 주었다는 이유로 먼저 온 환자의 보호자가 의료진에게 마구가내로 폭언을 쓴이 일어났다고 한다.

이처럼 응급실에서는 환자 치료의 우선순위 때문에 갈등이 일어나기도 한다. 그럼에도 환자 치료에 우선순위를 정해 놓을 필요가 있다. 그 이유는 다음과 같다.

▲ **주장: 환자 치료에 우선순위를 정해야 한다.**

첫째, 최적의 치료 시기가 있는 질병이 있기 때문이다. 예를 들어, 이마가 살짝 찢어진 환자와 심장이 멎은 심근경색 환자가 동시에 응급실에 들어온다면 '골든 타임'이 정해진 심근경색 환자를 먼저 치료한다. 심근경색의 '골든 타임'은 1시간이다. 1시간 이내에 치료를 받으면 생명을 지킬 수 있다. 심근경색 환자는 즉각적인 의료 조치를 하지 않으면 생명을 잃을 수도 있다. 그러므로, 이런 환자들을 우선적으로 치료하여 생명을 살려야 하는 것이다.

▲ 근거 1: 최적의 치료 시기가 있는 질병이 있다.

둘째, 한정된 의료 자원을 효율적으로 활용해야 하기 때문이다. 의료진이 모든 환자를 똑같이 치료할 수 있다면 좋겠지만, 의료인이나 수술 도구, 수술실, 치료약 등 의료 자원은 제한되어 있다. 이렇게 제한된 의료 자원을 먼저 치료를 정해 놓아야 한다. 그렇게 해야 보다 많은 환자가 적절한 치료를 받을 수 있다. 예를 들면, 중환자실 병상은 중증 환자에게 우선적으로 배정하여 자원의 낭비를 막고 더 많은 생명을 구할 수 있게 해야 한다.

▲ 근거 2: 한정된 의료 자원을 효율적으로 사용한다.

의료인과 의료 자원의 한계가 있는 의료 현장에서 우선순위를 정하여 환자를 치료하는 것은 더 많은 생명을 살리기 위해서, 그리고 의료 자원을 효율적으로 활용하기 위해서 꼭 필요한 일이다. 이는 궁극적으로 더 나은 의료 서비스를 제공하는 데에도 기여할 것이다.

---

10 주제에 대한 찬반 의견

★ 새로 알게 된 낱말이나 어려운 낱말을 써 보세요.

- 찬성·반대 주장에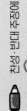
- 찬성 근거에
- 반대 근거에

_____

_____

_____

_____

_____

1 우선순위 **2** ⑤ **3** 찬성 **4** ③ **5** ㉠ **6** ⑤
7 예시 답안 참고

주장 파악하기

1 글 21와 나는 '환자 치료에 우선순위를 정할 수 있는 것인가'에 대한 찬반 의견을 나타낸 글이다. 따라서 빈칸에 들어갈 말은 '우선순위'이다.

낱말의 사전적 의미 파악하기

2 글 나의 앞뒤 맥락을 파악했을 때 '㉣ 공정'의 뜻은 '공평하고 올바름.'이다.

찬성 근거 파악하기

3 생명의 위급성에 따른 판단, 한정된 의료 자원의 효율적 활용은 환자 치료의 우선순위를 찬성하는 입장에 대한 근거이다.

반대 근거 파악하기

4 글 나에서는 의료진의 주관적 판단을 믿을 수 없기 때문에 우선순위를 정하는 것에 반대한다고 하였다.
① 글 나의 3문단에서 질병은 복잡하고 진행 상황도 환자에 따라 다르기 때문에 기준을 잡기 어렵다고 하였다.
② 글 나의 2문단에서 모든 인간은 존엄하며 생명의 가치는 비교할 수 없다고 하였다.
④ 글 나의 3문단에서 어떤 환자가 더 위급한지 기준을 잡기가 어렵다고 하였다.
⑤ 글 나의 2문단에서 어떤 환자의 생명을 더 가치 있다고 판단하는 것은 위험하다고 하였다.

내용 추론하기

5 ㉠ 앞에서 '골든 타임'이 정해진 환자에 대한 내용이 나와 있으므로 그 뒤에 '골든 타임'의 뜻을 설명하는 내용이 들어가는 것이 알맞다.

반응의 적절성 파악하기

6 A씨가 생명의 위급성에 따라 다른 환자를 우선 치료하는 것에 항의하고 있다. 따라서 A씨가 생명의 위급성에 따라 치료의 우선순위를 정해야 한다고 생각하고 있다는 반응은 알맞지 않다.
① 의료진이 위중한 환자를 먼저 치료하는 게 원칙이라고 말하는 내용으로 보아 의료진은 환자 치료에 우선순위가 있다는 입장임을 알 수 있다.
② 위중한 환자를 먼저 치료하는 것이라는 의료진의 설명에도 A씨의 폭언은 계속되었다는 내용으로 보아 A씨는 의료진과 이견이 다름을 알 수 있다.
③ 한정된 자원을 효율적으로 쓰기 위해 생명의 위급성에 따라 환자 치료에 우선순위를 두는 것인데, A씨는 이를 고려하지 못하고 있다.
④ 의료진은 더 많은 생명을 살리기 위해 빨리 치료하지 않으면 생명을 잃을 수도 있는 심정지 환자의 생명을 살리려고 위중한 환자를 먼저 치료하였다.

7 예시 답안 찬성 / 환자의 회복 가능성에 따라 우선순위를 결정할 수 있다. 회복 가능성이 높은 환자에게 우선적으로 치료를 제공하면, 더 많은 환자가 건강을 회복할 수 있다. 이는 전체적인 치료 성과를 높이는 데 기여한다. 예를 들어, 쉽고 건강한 환자가 노인이나 만성질환을 앓고 있는 환자보다 회복 가능성이 높기 때문에 이들에게 먼저 치료를 제공하는 것이 합리적일 수 있다.

^_^	찬성과 반대 주장을 명확히 밝히고, 주장을 뒷받침해 줄 타당한 근거를 썼습니다.
:)	찬성과 반대 주장을 명확히 밝혔으나, 주장을 뒷받침해 줄 타당한 근거를 쓰지 못했습니다.
:(	찬성과 반대 주장을 명확히 밝히지 못하고, 주장을 뒷받침해 줄 타당한 근거도 쓰지 못했습니다.

11 시에 나타난 경험

3 회독 ★ 내가 표시한 내용과 교과서에 따라 이어 읽어 보세요.

소나기는 좋겠다

1연

소나기는 좋겠다. 　소나기를 부러워하는 말하는 이의 마음이 드러남.

중심글감: 소나기

[갑자기 시끄럽게 울어도 돼서.]

소나기를 사람처럼 표현함.

> **1연** 시끄럽게 울 수 있는 소나기가 부럽다는 표현에 시끄럽게 울고 싶은 말하는 이의 마음이 담겨 있다.

2연

소나기는 좋겠다.

[원하는 만큼 짧게도 길게도 울 수 있어서.]

> **2연** 원하는 만큼 울 수 있는 소나기가 부럽다는 표현에 원하는 만큼 울고 싶은 말하는 이의 마음이 담겨 있다.

3연

소나기는 좋겠다.

[울고 나면 화창해질 슬픔이라서.]

> **3연** 울고 나면 해소될 슬픔이어서 부럽다는 표현에 울어도 해소되지 않을 깊은 슬픔을 느끼고고 있는 말하는 이의 상황과 마음이 담겨 있다.

4연

소나기는 좋겠다.

[아무도 왜 우는지 묻지 않아서.]

> **4연** 아무도 왜 우는지 묻지 않는 소나기가 부럽다는 표현에 우는 까닭을 말하고 싶지 않은 말하는 이의 마음이 담겨 있다.

5연

소나기는 좋겠다.
소나기는 좋겠다.

> **5연** 소나기를 한없이 부러워하는 말하는 이의 마음이 담겨 있다.

6연

비 오는 치마 아래 가만히 서서

[우는 결을 지켜 주는 사람 있어서.]

> **6연** 치마 아래에서 소나기를 지켜 보며 우는 결을 지켜 주는 사람이 있는 소나기를 부러워하는 말하는 이의 마음이 모습이 그려진다.

★ 새로 알게 되었거나 어려운 낱말을 써 보세요.

한 줄 읽기

1 슬픔 　2 사람

78~79쪽

1 ①, ④ 2 ④ 3 ③ 4 지안 5 윤비 6 예시 답안 참고

세부 내용 파악하기

1 이 시에는 치마 아래에서 내리는 소나기를 보며 부러워하는 말하는 이의 감정이 나타나 있고, '소나기는 좋겠다'라는 문장과 '~어/아서'를 반복하여 리듬을 만들어 내고 있다.
② 말하는 이가 어린 시절을 회상하고 있지는 않다.
③ 치마 아래라는 공간적 배경은 드러나 있으나, 시간적 배경은 드러나 있지 않다.
⑤ 이 시에는 의성어가 사용되지 않았다.

말하는 이의 마음 파악하기

2 이 시의 말하는 이는 소나기처럼 시끄럽게 울고 싶고, 원하는 만큼 울고 싶고, 울 때 아무도 왜 우느냐 안 물어 보고 우는 걸으 지켜 줬으면 좋겠다고 했다. 하지만 실컷 울고 나면 슬픔이 가실 것 같다고 하지는 않았다.

시에 나타난 경험 파악하기

3 이 시에는 마음껏 시끄럽게 원하는 만큼 울고 싶지만 그렇게 울어도 사람들이 지지 않을 울고 나면 슬픔을 느끼는 말하는 이의 경험이 잘 나타나 있다.

경험 떠올리며 시 읽기

4 경험을 떠올리며 시를 읽으면 말하는 이의 마음을 잘 이해할 수 있고, 시 내용을 더 가깝게 느낄 수 있다. 따라서 자신의 경험을 떠올리며 시를 읽으며 경험도 구체적을 잘 표현한 친구는 지안이다.

두 시의 공통점 파악하기

5 이 시와 보기 시는 생명이 없는 '소나기'와 '바람'을 생명이 있는 것처럼 의인화하여 표현하였다.

해리: 이 시의 말하는 이는 대상인 소나기를 부러워하고 있지만, 보기 시의 말하는 이는 부러워하지는 않는다.
범희: 이 시는 대상을 다른 것에 빗대어 표현하는 비유법을 사용하지 않았고, 보기 시는 바람을 칸나와 도깨비에 빗대어 표현한 비유적 표현을 사용하였다.

예시 답안

6 테어나옷을 때부터 쭉 한 방에서 함께 살았던 할머니가 돌아가셨을 때 마음껏 소리내서 울고 싶었지만, 부모님이 슬퍼하실까 봐 곁에서는 울지 못하고 화장실에서 숨죽여 울었던 경험이 있다. 「소나기」를 읽고 시를 읽고 깊은 슬픔에 잠겼던 그때의 경험이 떠올랐다.

:D	시에 나타난 말하는 이의 경험을 정확히 이해하고, 자신의 경험을 상황에 맞게 구체적으로 잘 표현해 썼습니다.
:)	시에 나타난 말하는 이의 경험은 정확히 이해하였지만, 자신의 경험을 상황에 맞게 구체적으로 표현하지는 못했습니다.
:(	시에 나타난 말하는 이의 경험을 정확히 이해하지 못하여 자신의 경험도 구체적으로 표현하지 못했습니다.

12

설명 방법 – 나열

- 중심 글감에 ○
- 나열을 나타내는 표현에 ~~~
- 랩의 특징에 [ ]

★ 새로 알게 된 낱말이나 어려운 낱말을 써 보세요.

---

3 회독 ★ 내가 표시한 내용과 해시님 비교하며 읽어 보세요.

몸을 들썩이게 만드는 랩의 특징

1 (랩(Rap)은 '빠르게 말하기(Rapping)'라는 말의 줄임말로 운율이 있는 가사를 리듬에 맞춰 빠르게 내뱉는 것이다. 랩은 언제 시작되었는지는 명확하지 않으나 1970년대부터 미국에 알려졌고, 흑인들이 많이 불렀다. 처음에는 사회를 비판하는 내용이나 삶의 애환을 담은 가사가 많았으나, 랩이 다른 나라로 퍼지면서 가사 내용도 다양해졌다. 랩은 보통의 노래와 다르고, 말하는 것과도 다르다. 그러면 랩에는 어떤 특징이 있을까?

▲ 랩은 운율이 있는 가사를 리듬에 맞춰 빠르게 내뱉는 것이다.

2 먼저 꼽을 수 있는 랩의 특징은 '라임(Rhyme)'이다. [라임은 같거나 비슷한 발음을 반복하여 만들어 내는 리듬이다. 랩은 다른 음악에 비해 멜로디를 단순하게 나타내고, 그 대신 라임을 두드러지게 드러낸다.] 아래 '쏘아'라는 국어 랩 가사를 보면 '거북선'과 '판옥선' 그리고 '발포 전'과 '무한도전'처럼 같은 발음으로 끝나는 낱말을 사용하여 라임을 만들었다. 그리고 '즐겨'와 '모여'처럼 같은 모음으로 끝나는 낱말로 라임을 만들어 통일감을 주었다.

나열을 나타내는 표현
랩의 특징 ①: 라임

우리 거북선	충무공 역사 공부는
아니 열두 명의 판옥선	영화 한 번 더 보고
전자충동으로 발포 전	이 노래도 즐겨
명량한 무한도전	이순신 동상 앞에서는 동장군이
딱히 진지할 필요 없으니	오기 전에 하나로 모여

▲ 랩의 특징 ①: 같거나 비슷한 발음을 반복하는 '라임'이 있다.

3 다음 랩의 특징은 '펀치 라인(Punch line)'이다. [펀치 라인은 듣는 이가 참신하다고 느낄 만한 구절을 말한다. 주로 비유나 동음이의어, 중의적 표현 등을 사용한 언어유희로 펀치 라인을 나타낸다.] 위에서 살펴본 「쏘아」라는 국어 랩에서도 펀치 라인을 찾아볼 수 있다.

나열을 나타내는 표현
랩의 특징 ②: 펀치 라인

난 세니까 날아가
영웅들이 나와라
울퉁불퉁 바다야
현 시국은 다툴 바가 없는 레드오션

'난 세니까 날아가'라는 구절을 발음해 보면 '난세니까 나라가'로 들리기도 한다. '난 세'와 '난세'를 '날아가'와 '나라가'로 중의적으로 표현하였다. 나라가 어지러워 살기 힘드니까 영웅이 필요하다는 것을 언어유희로 '난 세니까 날아가'로 표현한 것이다.

▲ 랩의 특징 ②: 듣는 이가 참신하다고 느낄 만한 구절인 펀치 라인이 있다.

4 마지막 랩의 특징은 '플로우(Flow)'이다. [플로우는 억양이나 강세, 속도 등으로 호흡을 조절하여 만들어 내는 리듬을 말한다. 플로우는 래퍼마다 다르기 때문에 래퍼의 지문이라고 할 수 있다.] 윤동주의 「별 헤는 밤」으로 만든 랩 「당신의 밤」에서 가수는 느린 플로우를 만들어 냈다.

나열을 나타내는 표현
랩의 특징 ③: 플로우

별 하나에 추억과	당신의 시처럼 하늘을 우러러
별 하나에 사랑과	한 점 부끄러움이 없길
별 하나에 쓸쓸함과	당신의 삶처럼 모두 죽어가는 것을
별 하나에 동경	사랑할 수 있길
별 하나에 시와	
별 하나에 어머니	

▲ 랩의 특징 ③: 억양이나 강세, 속도 등으로 호흡을 조절하여 만들어 내는 리듬인 플로우가 있다.

구조 훑기

1 라임 2 펀치 라인 3 플로우

1 ② **2** ④ **3** (2) ○ **4** 2 문단: 먼저, 3 문단: 다음, 4 문단:
마지막 **5** 수현 **6** 뿌리 **7** 예시 답안 참고

세부 내용 파악하기

1 4 문단에서 플로우는 래퍼마다 다르기 때문에 '래퍼의 지문'이라고 할 수 있다고 하였다.

낱말의 문맥적 의미 파악하기

2 이 글의 앞뒤 내용을 바탕으로 살펴보았을 때 ⓔ '강세'는 '강한 세력이나 기세'가 아닌 '연속된 음성에서 어떤 부분을 강하게 발음하는 일.'을 뜻한다.

설명 방식 파악하기

3 이 글은 랩의 세 가지 특징인 라임, 편지 라인, 플로우를 나열 방식으로 설명하고 있다.

글의 짜임을 나타내는 말 찾기

4 이 글은 하나의 주제에 대하여 몇 가지 특징을 늘어놓는 나열 짜임으로 쓰였다. 이 글에 나타난 나열 짜임을 나타내는 말은 2 문단의 '먼저', 3 문단의 '다음', 4 문단의 '마지막'이다.

반응의 적절성 파악하기

5 '나라는 사람보다 나라를 더 사랑한'에서 발음이 같은 '나라'라는 낱말을 사용하여 라임을 만들어 냈다. 따라서 이 랩 가사에 알맞은 반응을 보인 친구는 수현이다.

인수: '지'를 때면 가사에는 독특한 발음의 가사가 담겨 있지 않다.
지연: '지'를 때면 가사에는 표현하고 싶은 것을 다른 대상에 빗대어 표현하는 비유적 표현이 나타나 있지 않다.

적용하기

6 표현하려는 대상을 그것과 비슷한 다른 대상에 빗대어 표현하는 방법인 '비유적 표현'을 활용해 편지 라인을 만든 친구는 친구를 호빵에 빗대어 표현한 보리이다.
강두와 두나는 표현하려는 대상을 그것과 비슷한 다른 대상에 표현하지 않았다.

7 예시 답안
[라임] 자전거를 타고 친구들과 경주해
저도 괜찮아
친구들과 함께하는 시간이 소중해

>:D	랩의 세 가지 특징의 의미를 정확히 이해하고, 그 특징이 잘 드러나게 랩 가사를 썼습니다.
:)	랩의 세 가지 특징의 의미는 정확히 이해하였으나, 그 특징이 잘 드러나게 가사를 쓰지는 못했습니다.
:(	랩의 세 가지 특징의 의미를 정확히 이해하지 못하여 그 특징이 드러나게 가사를 쓰지 못했습니다.

13
언어의 역사성과 창조성

- 중심 글귀에 ○
- 중심 문장에 ~
- 언어의 역사성과 창조성의 사례에 [ ]

3 회독

바뀌고 생기고 사라지는 말

★ 내가 표시한 내용과 다음의 답을 비교하며 읽어 보세요.

우리가 조선 시대로 시간 여행을 간다고 상상해 보세요. 거기서 만나는 사람에게 '헬리콥터', '인터넷', '네티즌' 같은 말을 쓰면 알아들을 수 있을까요? 반대로 조선 시대 사람이 '어드봇(어두운)', '편의점' 같은 말을 쓰면 우리는 그 뜻을 알 수 있을까요? 옛날에 사용했던 말과 지금 우리가 사용하는 말은 아주 달라요. 이는 언어가 '역사성'과 '창조성'을 갖고 있어서 시간의 흐름에 따라 변하기도 하고, 또 상황에 따라 새로운 말이 많이 만들어지기도 하기 때문이에요.

▲ 언어는 역사성과 창조성을 갖고 있어서 변하고 소멸하고 생성되어요.

언어의 역사성의 의미

언어의 ◯역사성은 언어가 시간의 흐름에 따라 끊임없이 사라지고 새로 생기고 변하는 것을 말해요. 언어가 변하는 까닭은 예전에는 없던 말이 많이 새로 생겨 널리 사용되기도 하고, 사라지기도 하고, 날말의 소리나 형태, 의미가 달라지기도 하기 때문이에요. 불과 30여 년 전만 해도, 우리말에 '스마트폰', '와이파이', '누리꾼' 같은 말은 없었어요. 그런데 사람들이 디지털 기기를 많이 사용하고 사이버 공간에서 많이 활동하면서 이와 관련한 많은 말이 새로 생긴 거예요. 그리고 [옛날에는 꽃을 '곶', 뿌리를 '불휘', 코를 '고'라고 썼어요.] 같은 말인데 말의 소리와 형태가 시간이 지나면서 변한 거예요. 또한 날말이 나타내는 의미가 달라지거나 넓어지는 경우도 있어요. [예뻐다는 옛날에는 '불쌍하다'는 뜻이었는데 오늘날에는 '예쁘다'는 뜻으로 변했고, '세수'는 손을 씻는다는 의미만 있었는데, 지금은 의미가 넓어져 손이나 얼굴을 씻는다는 의미가 되었어요.] 이처럼 언어도 생명체처럼 새로 생겨나기도 하고 사라지기도 하며 끊임없이 변합니다.

▲ 언어의 역사성은 언어가 시간의 흐름에 따라 끊임없이 사라지거나 새로 생기고 변하는 것을 말해요.

언어의 창조성의 의미

언어의 ◯창조성은 한정된 글자와 말소리로 새로운 날말이나 문장을 무한히 만들어 낼 수 있는 언어의 특징이에요. ['꽃'이라는 날말 하나로 꽃무늬, 꽃받침, 꽃 음꽃 등 다양한 날말을 만들 수 있고, '나무', '바람', '분다'라는 날말로 '바람에 부 니 나무가 춤춘다', '바람이 불면 나무가 흔들린다' 등으로 다양한 문장을 만들 이 낼 수 있어요. 그리고 신조어를 만들어 내기도 해요. [한류]는 우리나라의 대 중문화가 외국에서 유행하는 현상을 가리키는 말로, 1990년대 말부터 우리나라 대중문화가 외국에서 인기를 끌면서 신조어로 신조어는 그 당시의 사 회 상황을 담고 있어요. 하지만 모든 신조어가 구준히 생명력을 갖는 것은 아니에 요. 국립국어원에 따르면 신조어 10개 중 7개는 10년 안에 자연스럽게 사라진다고 해요. 서울대 언어학과 권재일 교수는 성공한 신조어는 '특정 집단에만 속해 있지 않고 일반인에게 널리 쓰이며 저항감 없이 쓰이는 것'이라고 했어요. 언어의 창조 성은 언어를 확장시켜 언어문화를 풍요롭게 만들어 주지만 언어를 지나치게 변형 하거나 감동을 일으키는 언어를 만들어 내는 것은 위험해요.

▲ 언어의 창조성은 언어는 한정된 글자와 말소리로 새로운 날말이나 문장을 무수히 만 들어 낼 수 있다는 것을 말해요.

★ 새로 알게 된 날말이나 어려운 날말을 써 보세요.

_____

구조 읽기

1 시간 2 창조성

1 ② **2** (1)○ **3** ⑤ **4** ⓒ **5** (2)○ **6** 문학
7 예시 답안 참고

중심 내용 파악하기

1 이 글에서는 언어의 특징 중 '역사성'과 '창조성'을 다루면서, 언어가 사라지고 생기고 변화함을 설명하고 있다.

세부 내용 파악하기

2 언어는 시간이 흐르면서 계속 변하는 역사성을 갖고 있다.
(2) 3 문단에서 한류는 1990년대 말부터 우리나라의 대중문화가 외국에서 인기를 끌면서 만들어진 신조어라고 하였으므로, '한류'라는 낱말이 1980년대부터 쓰였다는 내용은 일치하지 않는다.
(3) 1, 2 문단에서 언어는 소리와 형태가 달라지기도 하고, 사라지기도 한다고 하였다.
(4) 3 문단에서 언어는 창조성을 갖고 있어서 한정된 글자와 말소리로 새로운 단어나 문장을 무한히 만들어 낼 수 있다고 하였다.

언어의 창조성 판단하기

3 언어의 창조성은 한정된 문자로 무한히 많은 단어와 문장을 만들 수 있다는 특징이므로, '안녕'이라는 단어로 많은 문장을 만들어 낸다는 ⑤번이 언어의 창조성을 보여 주기 적합한 예이다.

언어의 역사성 판단하기

4 보기는 ⓒ과 같이 낱말이 나타내는 의미가 넓어진 사례이다.

자료 분석 및 추론하기

5 제시된 자료인 「용비어천가」를 보면 오늘날 우리가 쓰는 언어와 형태가 다른 것을 파악할 수 있다. 따라서 이 자료를 통해 알 수 있는 내용은 (2) 언어의 형태가 시간이 지남에 따라 변한다는 것이다.

감상하기

6 널리 쓰이는 말도 시간이 흐르면서 사라지거나 대체되어서 쓰이지 않는 말이 되기도 한다.
봉택: 조선 시대에 쓰던 말과 지금 우리가 쓰는 말이 많이 달라 못 읽을 수도 있다.
시하: 언어에 창조성이라는 특징이 있기 때문에 아름다운 시와 재미있는 이야기가 만들어지는 것이다.

예시 답안

7 공중전화, 예전에는 사람들이 공중전화를 많이 사용했다고 한다. 하지만 지금은 거의 모든 사람들이 휴대전화를 쓰기 때문에 공중전화를 찾아보기 힘들다. 앞으로도 공중전화를 쓸 일이 더 없을 것 같다. 따라서 이것을 나타내는 '공중전화'라는 말도 사라질 것 같다.

^^	사회·문화의 변화와 흐름을 정확히 분석하여 앞으로 사라질 것 같은 말을 선정하였고, 그 까닭을 논리적으로 설득력 있게 썼습니다.
:)	사회·문화의 변화와 흐름을 정확히 분석하여 앞으로 사라질 것 같은 말을 선정하였으나, 그 까닭을 논리적으로 쓰지 못했습니다.
:(	사회·문화의 변화와 흐름을 분석하지 못해 사라질 것 같은 말을 선정하지 못하였고, 그 까닭도 논리적으로 쓰지 못했습니다.

14
인물의 성격과 사건 전개

3회독

순례 주택

★ 내가 표시한 내용과 예시 답을 비교하며 읽어 보세요.

- 등장인물에 ○
- 순례 씨의 성격을 알 수 있는 부분에 ~~~
- 인상적인 부분에 [ ]

402호에 전문주 (김순례 씨)(75세)가 산다. 스물에 결혼하고, 서른다섯에 이혼했다. 슬하에 아들이 하나 있다. 이혼 후 연애를 몇 번 했다. 재혼은 하지 않았다.

순례 씨는 유능한 재신사였다. 딸를 믿고 마사지에 답라는 손님(?)에도 좋음 섰다. 재승을 알고 시작한 건 아니었다. 혼자 아이를 기우며 살이 보려고 뛰어든 일이었다. 마흔에 '구舊 순례 주택'(순례 자리에 있던 1층 양옥집)을 샀다. 순례 씨는 그 집을 '때물'이라고 불렀다. <중략>

▲ 김순례 씨는 순례 주택을 짓고 402호에 산다.

근처에 지하철역이 생기면서 때답 시세가 배로 뛰었다. 보상금이 꽤 많았다. 마음이 불편했다. 땀 흘리지 않고 돈을 버는 건 순례 씨 스타일이 아니었다. 십 년 전 때답을 하룸고 싶어가는 데 필요한 만큼만 주택'을 지었다. 임대료는 시세를 따라 정하지 않았다. 순례 씨는 그 반았다.

▲ 김순례 씨는 돈을 믿고 크게 욕심을 부리지 않는 성격이다.

1층 상가엔 심 넷째 '조은영 헤어'가 입점해 있다. 원장 (조은영 씨)(47세)는 유일한 심 넷째 입주자다. 1층은 미용실, 202호는 살림집. / 상림집. "제가 어딘 남매를 혼자 키우는데, 미용실 차리고 나니 돈을 더 빌릴 데도 보증금없이 삼림집 하나 월세로 주실 수 없을까요?" / 십 년 전, 서른넷남의 조 원장이 순례 씨에게 부탁했다. 순례 씨는 혼쾌히 겁을 내줬다. 보증금을 못 냈지만 월세를 더 받진 않았다. 조 원장은 이 년 만에 보증금을 제웠다. 삼 년 후엔 202호로 옮겼다.

202호는 방이 세 개다, 남매에게 하나씩 줄 수 있었다.

"우리 식구는 순례 주택을 믿고 일어있어요."

조 원장이 자주 하는 말이다. 감사를 담아 여러 번 '무료 염색 및 파마'를 제 안 했다. 순례 씨는 번번이 손사래를 쳤다. <중략>

▲ 1층 미용실 원장은 김순례 씨의 배려로 순례 주택에 입주할 수 있었고, 유일한 심 넷째 입주자가 되었다.

302호에 (홍길동 씨)(66세)와 남편이 산다. 김동 씨는 순례 씨 전 직장 동료다. '남동생 '구 순례 주택' 때부터 몇째에 세를 살았다.

을 보라'는 뜻으로 이군자(君子)다. 순례 씨는 이 년 전 요양보호사 필기시험을 보면서 생 전 처음 OMR카드를 작성했다. 학원에서 연습을 했지만 무척 긴장했다. 이름 에 로 '홍길동'이 나왔는데, 자기 이름을 '홍길동'이라고 작성해 버렸다.

"내가 공부를 얼마나 열심히 했느니? / 속상해서 울었다. OMR카드와 검사를 구임해 '이군자' 작성을 연습하며 재수를 준비하던 때 함격 소식이 날아들었다. 무 적 기뻤다. 순례 주택 사람들을 우탑으로 불러 즉밥을 줬다.

"학원 선생 말로는, 자기 이름 홍길동이라고 쓴 사람이 꽤 있다. 홍길동을 우 리해 갖고 점수가 되면 함격시켜 준다네.'

'아직도 홍길동을 방자하는 인간이 많구나. 아, 홍길동.'

순례 씨가 웃으며 말했다. 순자 씨는 '홍길동'이 마음에 들었다.

▲ 순례 주택 302호에 사는 홍길동 씨는 요양보호사 필기시험 때 OMR 카드에 이름을 홍길 동으로 잘못 써서 떨어져질 뻔 했으나 다행히 다행히 합격이 붙었다.

"내가 순례 언니 개명할 때 좀 부러웠느데, 그거 괜찮네. 이제 나는 홍길동이다. 김동 씨라고 불리러 줘."

"아, 순례 씨 개명하셨구나. 개명한 이름이 뭐예요?" / 조 원장이 물었다.

"김순례." / 순례 씨가 대답했다. / "예? 바로 이름이 김순례라고요?" / "응."

"원래 이름은?" / "김순례." / "김순례." / [순례 씨는 개명을 했다. '순하고 에의바르다'는 뜻이 순례(順禮)에서 순례자 (巡禮者)라는, 나머지 인생을 '지 구별을 여행하는 순례자'라는 마음으로 삼고 싶어서.]

▲ 김순례 씨는 자신의 의지에 따라 개명했고, 홍길동 씨는 그런 순례 씨가 부러워 홍길 동으로 가명을 지었다.

★ 새로 알게 된 낱말이나 어려운 낱말을 써 보세요.

원조 읽기

1 순례 주택   2 입주자   3 개명

1 ②　**2** (1)○ (2)○ (3)×　**3** ①　**4** (1)③ (2)② (3)①
5 ②　**6** ④　**7** 예시 답안 참고

말하는 이 파악하기

1 이 이야기의 말하는 이는 이야기 밖에 있고, '마음이 불편했다', '무적 기뻤다'와 같은 표현을 통해 인물들의 생각과 마음을 직접적으로 말하고 있음을 알 수 있다.

세부 내용 파악하기

2 (1) 조은영 원장이 순례 주택에 들어올 때 사정을 말하는 부분을 통해 미용실을 하면서 두 아이를 키우고 있음을 알 수 있다.
(2) 순례 씨는 유순한 재신사였다는 표현과 순례 주택을 '매탑'이라고 부른다는 표현을 통해 김순례 씨가 재신사 일로 씨든 돈으로 집을 지었음을 알 수 있다.
(3) 홍길동 씨는 요양보호사 필기 시험에 이름을 잘못 쓰기 했지만 합격하였다. 합격 이유는 홍길동 씨의 대사에 드러나 있다.

인물의 성격 파악하기

3 402호에 전물주 김순례 씨가 산다는 내용으로는 순례 씨의 성격을 파악하기 어렵다.
② ㉡을 통해 순례 씨는 노력 없는 대가를 좋아하지 않는 옳고 그른 성격이고, 욕심이 많지 않은 성격임을 알 수 있다.
③ ㉢을 통해 순례 씨는 인심이 좋고, 남에게 잘 배푸는 성격임을 알 수 있다.
④ ㉣을 통해 다른 사람에게 신세지거나 폐 끼치는 것을 싫어하는 성격임을 알 수 있다.
⑤ ㉤을 통해 자신의 의지대로 사는 주체적인 성격임을 알 수 있다.

인물의 성격에 따른 사건 전개 파악하기

4 순례 씨는 주체적이고 실행력 있는 성격이어서 인생 방향을 스스로 설정하고 그에 맞는 이름으로 개명을 하였고, 옳고 그른 욕심이 많지 않은 성격이어서 임대료를 살아가는 데 필요한 만큼만 받았다. 또 도움이 필요한 사람에게는 흔쾌히 배푸는 성격이어서 조 원장의 보증금 없이 순례 주택에 들어와 살게 해 주었다.

내용 추론하기

5 순례 씨가 보증금 없이 살림집을 임대해 주고, 월세를 더 받지도 않은 덕분에 조 원장 가족은 이 년 만에 보증금을 제우고 방 세 개짜리 202호로 옮길 수도 있게 되었다. 이런 내용을 통해 ㉠에 들어가기에 가장 알맞은 말은 ⑤임을 알 수 있다.

인물 분석하기

6 순례 씨는 삶의 태도가 훌륭한 인물로, 많음없이 자기를 돌아보고 성찰해 나가는 인물이다. 그리고 스스로 인생의 방향을 정하고 그에 어울리는 이름으로 개명까지 한 주체적인 인물이다.

7 예시 답안

순례 씨가 땅을 흘리지 않고 돈을 버는 것을 이무렇지 않다고 생각하는 성격이 있다면, 보증금으로 상가 전물을 지어서 임대료를 많이 받으며 살아갔을 것이다.

😄	순례 씨의 성격에 따른 사건 전개 과정을 개연성 있게 잘 썼습니다.
🙂	순례 씨의 성격에 따른 사건 전개 과정을 썼으나, 개연성이 부족하게 썼습니다.
🙁	순례 씨의 성격에 따른 사건 전개 과정을 전혀 쓰지 못했습니다.

15 수필의 특징

독해의 기초

- 중심 글감에 ○
- 글쓴이의 경험이 드러난 부분에 ~~~
- 글쓴이의 생각이 드러난 부분에 [ ]

★ 새로 알게 된 낱말이나 어려운 낱말을 써 보세요.

3 회독 ★ 내가 표시한 내용과 해설에서 답을 비교하며 읽어 보세요.

식물학자의 노트

1 "한참 피어 퍼드러진 노란 동백꽃 속으로 폭 파묻혀 버렸다. 알싸한 그리고 향긋한 그 냄새에 나는 땅이 꺼지는 듯이 온 정신이 고만 아찔하였다."

여러분도 잘 아시는 김유정의 소설 「동백꽃」의 한 구절입니다. 이 구절을 읽으면서 혹시 탐스러운 붉은 꽃잎으로 봄을 알리는 동백꽃을 떠올리진 않으셨나요? 하지만 글귀에서도 알 수 있듯 노란색 꽃잎을 가지고 알싸한 향을 내는 동백꽃은 우리에게 다른 이름으로 알려진 식물입니다. 바로 생강나무입니다. 강원도 사람들은 이 생강나무를 동백나무라고 부릅니다. 중략 국어 시간에 국어 선생님이 김유정의 소설을 소개하시며 동백꽃을 설명하셨는데, 저는 수업이 끝나고 선생님께 찾아가 소설에서 나오는 식물은 우리가 아는 동백꽃이 아니라 생강나무의 꽃이라고 말씀드렸습니다. 지금 생각하면 조금 당돌한 행동을 걷기도 한데 다행히 국어 선생님은 오히려 잘 몰랐는데 잘 알려줘서 고맙다고 말씀해 주셨죠.

▲ 소설 「동백꽃」의 동백꽃이 생강나무의 꽃이라는 사실을 중학교 국어 시간 수업이 끝나고 선생님께 말씀 드린 경험이 있어요.

2 생강나무를 강원도에서 동백나무라고 부르는 이유는 옛사람들이 머릿기름으로 쓰였던 동백기름과 관련이 있습니다. 동백기름은 동백나무 씨앗에서 추출한 기름인데, 따뜻한 지역에서 자라는 동백나무는 강원도에서 볼 수 없는 식물이고, 동백기름 또한 구하기 쉽지 않았습니다. 그래서 강원도에서는 생강나무 씨앗에서 기름을 추출해 동백기름처럼 사용했고, 이것이 강원도에서 생강나무가 동백나무로 불리게 된 이유입니다. 한편 생강나무라는 이름 때문에 이 나무의 뿌리가 마치 먹는 생강이라고 착각하기 쉽습니다. <중략> 한편 동백나무와 생강나무처럼 생강나무와 생강도 전혀 관련이 없는 식물입니다.

▲ 강원도에서 생강나무를 동백나무라고 부르는 이유는 강원도에서는 동백나무를 볼 수 없어 생강나무에서 기름을 추출했기 때문이고, 이 생강나무도 생강과 관련이 없어요.

3 생강은 생강과의 초본식물로 키 작은 떨나무 비슷한 형태로 나란히매듭을 가진 잎들이 달립니다. 그 뿌리를 캐서 생강나무 잎이나 줄기로 만드는 것이지요. 생강나무에 생강이라는 이름이 붙은 이유는 생강나무 잎이나 줄기를 뜯으면 거기에서 생강 향이 나기 때문입니다. 생강나무 꽃은 생강보다는 좀 더 부드럽고 단 향기가 나는데 봄에 꽃을 채취해 말려 생강나무 꽃차를 만들어 마시기도 합니다. <중략>

▲ 생강나무에 생강이라는 이름이 붙은 이유는 생강나무 잎과 줄기에서 생강 향이 나기 때문이에요.

4 [이런 (식물의 한국 이름 작명)에는 재미있고 정겨운 면도 있지만, 한편으로 인 간 중심적인 이름 짓기라는 생각도 듭니다. 식물이 입장에선 이 땅에 누가 먼저 뿌리 내렸는지, 누가 누구를 닮았는지 아느냐고 불평할 수 있을지도 모르겠습니다. 그 들의 관계를 규정한 건 결국 인간이니까요.

식물의 이름을 살펴보면 이름을 붙인 이유가 너무 단순하거나 가끔 미안할 정 도로 우습기까지 한 것을 쉽게 됩니다. 지구에 함께 사는 하나하나의 중요으로 매우 하하게 존중하고 이해하여 붙인 이름은 분명 아니라는 생각도 들지요.]

▲ 식물의 이름을 살펴보면 인간 중심적인 이름 짓기라는 생각이 들어요.

5 [우리는 인간관계 속에서 자신도 모르는 사이 상대를 자기중심적으로 규정하 고 부르고 있진 않을까요? 그 사람을 충분히 바라보고 이해하고 섣불리 규정짓지 않는다면 누구든지 존중받을 수 있지 않을까 생각합니다.]

▲ 인간관계 속에서 상대를 섣불리 규정하지 않는다면 누구든지 존중받을 수 있어요.

주제 읽기

1 생강나무 **2** 생강 **3** 인간 중심

1 (3)○ **2** ① **3** ① **4** (1) 경험 (2) 생각이나 느낌 **5** ③
6 (1) **7** 예시 답안 참고

중심 생각 파악하기

1 이 글에서 글쓴이는 생강나무가 어떻게 불리고, 왜 그런 이름이 붙었는지를 통해 식물 이름 작명이 인간 중심적이고, 이는 지구에 사는 하나하나의 종을 충분히 존중하여 붙인 이름이 아니라는 생각을 이야기하고 있다.

세부 내용 파악하기

2 생강나무라는 이름 때문에 이 나무의 뿌리가 우리가 먹는 생강이라고 착각하기 쉽지만, 생강나무와 생강은 전혀 관련이 없다. 개서 자료 만드는 것은 '생강'이다.

② **1** 문단에서 강원도 사람들은 생강나무를 동백나무로 부른다고 하였다.
③ **2** 문단에서 강원도에서는 동백 기름을 구하기 어려워서 생강나무 씨앗에서 기름을 추출해 동백기름처럼 사용했다고 하였다.
④ **2** 문단에서 따뜻한 지역에서 자라는 동백나무는 강원도에서 볼 수 없는 식물이라고 하였다.
⑤ **3** 문단에서 생강나무에 생강이라는 이름이 붙은 이유는 생강나무 잎이나 줄기를 뜯으면 생강 향기가 나기 때문이라고 하였다.

글쓴이의 경험이 드러난 부분 찾기

3 **1** 문단에 글쓴이가 중학교 시절 국어 수업이 끝난 후 선생님께 찾아가 동백꽃이 생강나무 꽃이라고 이야기한 경험이 나타나 있다.

수필의 요소 파악하기

4 수필에는 글쓴이가 경험한 일, 알고 있거나 알게 된 것, 느낌과 생각 등이 담긴다. 이 글에 나오는 (1)은 경험, (2)는 생각이나 느낌을 쓴 것이다.

수필의 특징 파악하기

5 수필은 글쓴이의 생각, 느낌, 가치관, 경험 등 개인적인 일이나 특성이 글에 드러나 글쓴이의 개성을 파악하기 쉽다. 하지만 형식에 따라 자유롭게 쓴 글은 아니다. 수필은 오히려 형식에 얽매이지 않고 자유롭게 쓴 글이다.

반응의 적절성 파악하기

6 이 글의 글쓴이는 식물의 이름 작명이 인간 중심적 이름 짓기이므로 인간 관계에서도 상대를 선불리 구정짓지 않고 존중하고 이해해야 한다고 이야기하고 있다. 따라서 (2), (3)처럼 글쓴이의 생각에 공감하여 자신의 삶의 태도를 점검한 것이 글을 읽고 보인 반응으로 알맞다.

7 예시 답안

봄을 알리는 노란 개나리꽃. 그런데 개나리꽃 이름에 나리꽃을 닮은 가짜 나리꽃이라는 뜻이 담겨 있다고 한다. 만약 개나리꽃이 그런 의미로 자기 이름이 지어졌다는 걸 안다면 무척 서운할 것 같다. 개나리꽃만의 아름다운 특성을 잘 보여 주는 이름을 지어 주면 좋겠다.

😆	주어진 자료에 대한 내용을 바탕으로 자신의 생각과 느낌을 자연스럽게 썼습니다.
:(😊):	주어진 자료에 대한 내용과 자신의 생각과 느낌을 함께 썼으나, 자연스럽게 어우러지지 않습니다.
:(😐):	주어진 자료에 대한 내용만 쓰고, 자신의 생각과 느낌을 쓰지 않았습니다.

16

배경의 역할

🖊 공간적 배경에 ○
🖊 시간적 배경에 〰
🖊 중요한 사건에 [ ]

★ 새로 알게 된 낱말이나
어려운 낱말을 써 보세요.

_____

_____

_____

_____

_____

3회독 ★ 내가 표시한 내용과 예시 답을 비교하며 읽어 보세요.

운동장의 돌뼈

미리는 (운동장) 흙바닥을 파헤치고 있었습니다. 주먹 크기 정도의 하얗고 둥근 것이 보였습니다. "뭐지?"

운동장 바닥에 단단히 박혀 있는 그것은 딱딱하고 반들반들하고 차가웠습니다. 미리가 커다란 앞니를 활짝 드러내며 말했습니다.

"나, 뼈 미터 달리기 예선 때 넘어져서 탐탁했잖아. 그때 넘어지면서 이걸 발견했어. 넌 뭐라고 생각해?"

미리가 눈을 반짝이며 나를 바라보았습니다. 그 순간 멋진 생각이 떠올랐습니다.

"아주 오래전 누군가가 숨겨 둔 보물!"

나는 기억을 더듬듯 눈을 지그시 감았다.

"학교 짓기 전에 여긴 커다란 연못이었어."

"그런데 왜 여기에 연못이 있었을까?" / 미리가 고개를 갸웃거렸습니다.

"여기에 연못이 생긴 까닭은, 그 까닭은 많아……. 욕심 많은 부자 때문이야."

"아, 장자못 설화! 작년에 담임 선생님이 이야기해 주신 거지?"

"그래. 으리으리한 기와집의 욕심 많은 부자가 시주 받으러 온 스님을 내쫓았는데, 다음날 다음날 그 집은 땅속으로 가라앉고……."

"물이 차올라 엄청나게 커다란 연못이 된 거지? 그럼 혹시 이건 그 부잣집에 있던 도자기?" <중략>

▲ 나와 미리는 운동장 흙바닥을 파헤치고 찾은 하얗고 둥근 것을 보고, 장자못 설화를 떠올렸습니다.

"이건 비밀인데 말이야. 여기가 예전에 커다란 연못이었거든…… 엄청난 부자 집이 있었느니…… 부자가 욕심을 너무 부려서 벌을 받아서…… 집이 땅속으로 들어가고 연못이 되었느니 …… 부잣집에 있던 보물 도자기가 묻혀서……."

정식이가 이맛살을 찌푸렸습니다.

"뭐라는 거야? 무슨 말인지 하나도 못 알아듣겠다. 그러니까 친구가 없지. 보물 열심히 찾아라." / 그러더니 휙 돌아섰습니다.

▲ 나'가 정식이에게 장자못 설화를 들려주자 정식이는 못 알아듣겠다며 핀잔을 주고 돌아섰습니다.

나는 다시 운동장을 파기 시작했습니다. 눈물이 나올 것 같았습니다. 그런데 아! 구멍이 속에 하얗고 반들반들하고 둥근 것이 보였습니다.

"찾았다! 찾았어!" / 나는 소리를 지르면서 팔짝팔짝 뛰었습니다. 그때였습니다. 지진이 난 것처럼 운동장이 울렁거리며 꿈틀꿈틀 움직였습니다.

"어, 어!" / 정식이가 운동장 바닥에 꼬꾸라졌습니다.

[정식이 앞으로 한 눈을 뒤집어쓴 무엇인가가 천천히 몸을 일으켰습니다. 10층 건물 높이의 정도 될 만큼 커다란 거인이었습니다. 누가 운동장 가득히 쌓았습니다. 홍덩어리를 아무렇게나 뭉쳐 놓은 것 같은, 드글드글하고 울퉁불퉁하고 커다란 얼굴이었습니다. 내 머리 위에도 가방 위에도 노가주가 수북이 쌓여 있었습니다.

"나? 운동장. 가끔 이렇게 자세를 바꿔 줘야 해. 안 그러면 등이 아프거든. 너무 오래 엎드려 있어."

운동장 거인은 팔을 높이 뻗어 기지개를 켰습니다. 우두두둑 소리가 났습니다. 한참 동안 목과 허리를 이리저리 돌리고, 다리를 굽혔다 폈다 했습니다.

그러더니 내 얼굴을 들여다보며 말했습니다.

"왜 요즘에는 아이들이 운동장에서 잘 놀지 않지? 내 등을 자주 밟아 줘. 그래야 시원하거든."

▲ '나'가 운동장을 다시 파자 운동장이 꿈틀꿈틀 움직이더니 운동장 거인이 일어나 '나'에게 다가와 말을 하였습니다.

1 운동장   2 도자기   3 거인

1 (1)○ **2** ① **3** 운동장 **4** (3)○ **5** ⑤
6 예시 답안 참고

말하는 이 파악하기

1 이 이야기의 말하는 이는 주인공인 '나'로, '나'가 직접 겪은 일을 실마음과 함께 들려 주고 있다.

세부 내용 파악하기

2 정식이는 '나'의 이야기를 듣고 이맛살을 찌푸리며 무슨 말인지 하나도 못 알아듣겠다며 핀잔을 주고 있었다.

①'나'에게 핀잔을 주고 돌아서 가던 정식은 개인이 일어나는 바람에 운동장 바닥에 꼬꾸라졌다.

③'나'와 미라는 주먹 크기의 하늘을 듣고 것을 보고 정자뭇 성화를 떨어뜨리며, 그것이 엄청난 보물일지도 모른다고 생각했다.

④ 운동장에서 개인이 몸을 일으키며 '나'에게 돋이 이파서 자세를 바꿔야 한다고 말했다.

⑤ 미라는 백 미터 달리기 예선 때 넘어지면서 하얗고 둥근 것을 발견하였다.

공간적 배경 파악하기

3 이 이야기에서 주먹 사건이 벌어지는 공간적 배경은 운동장으로, 미라가 하얗고 둥근 것을 발견한 장소도 운동장이고, 커다란 개인이 몸을 일으킨 장소도 운동장이다.

시간적 배경 파악하기

4 흰 눈을 뒤집어썼다는 표현이나 눈가루가 운동장 가득히 날리고, 수북이 쌓인다는 표현에서 이 이야기의 시간적 배경이 겨울임을 알 수 있다.

자료 분석하기

5 제시된 기사에는 요즘 아이들이 학교 수업 후에도 학원, 학습지, 온라인 학습을 해야 해서 또래와 놀지 않는다는 내용이 나와 있다. 기사의 설문 조사 결과에서 운동장이 아닌 다른 곳에서 논다는 것은 알 수 없다.

6 예시 답안

지난 여름에 운동장에서 체육 대회를 했다. 모든 학년들이 다 모여서 100m 달리기, 계주, 줄다리기 등을 했다. 넓은 운동장이 꽉 찼고 시끌벅적했다. 날씨가 무척 더워서 땀이 줄줄 흘렀지만 땀을 흘려 달리고 다 함께 소리지르고 응원을 하니 정말 기분이 좋았다. 요즘도 운동장을 가로질러 집으로 갈 때마다 여름날 운동장을 꽉 채웠던 체육 대회 생각이 난다.

😄	시간적·공간적 배경이 잘 드러나 있고, 사건과의 관련성도 잘 드러나게 썼습니다.
🙂	시간적·공간적 배경은 잘 드러나 있지만, 사건과의 관련성이 잘 드러나지 않았습니다.
🙁	시간적·공간적 배경이 잘 드러나 있지 않고, 사건과의 관련성도 잘 드러나지 않았습니다.

17

설명 방법 - 과정

3회독 ★ 내가 표시한 내용과 예시 답을 비교하며 읽어 보세요.

자극에 반응하는 과정

중심 낱말에 ○
과정의 설명 방법이 드러난 부분에 ~~~
무조건 반사와 조건 반사의 특징이 드러난 부분에 [ ]

★ 새로 알게 된 낱말이나 어려운 낱말을 써 보세요.

야구 경기 관람 중에 야구공이 얼굴 쪽으로 수우웅 하고 날아오면 우리는 공에 맞지 않으려고 재빠르게 공을 피할 것이다. 이때 날아오는 것을 감각 기관을 통해 보는 것을 (자극)이라고 하고, 공을 피하는 행동을 (반응)이라고 한다. 자극은 우리 몸에서 어떤 반응이 일어나게 하는 것이고, 반응은 자극에 따라 일어나는 행동들이다. 그렇다면 어떤 과정을 거쳐 자극을 받아들이고 반응하게 되는 것일까?

▲ 자극은 우리 몸에서 반응을 일으키게 하는 것이고, 반응은 자극에 따라 일어나는 행동이다.

날아오는 야구공을 피하는 과정을 통해 우리 몸이 자극에 어떻게 반응하는지 알 수 있다. 먼저, 야구공이 날아오는 것을 감각 기관인 눈이 본다. 그러면 이 정보가 온몸에 뻗어 있는 감각 신경을 통해 대뇌로 전달된다. 대뇌는 전달받은 정보를 해석하고 어떻게 움직여야 하는지 결정한 후, 운동 신경에 명령을 내린다. 이 명령을 받은 운동 신경은 운동 기관에 명령을 내려 고개를 돌리거나 팔다리를 움직여 공을 피하게 하는 것이다. 이 모든 과정은 매우 순식간에 일어난다. 이렇게 자극이 대뇌를 거쳐 대뇌의 정보 분석에 의해 일어나는 반응을 '의식적인 반응'이라고 한다.

▲ 자극이 대뇌를 거쳐 대뇌의 정보 분석에 의해 일어나는 반응을 의식적인 반응이라고 한다.

반면, 우리의 의지와 상관없이 자신도 모르게 일어나는 무의식적인 반응을 '반사'라고 한다. 반사에는 '무조건 반사'와 '조건 반사'가 있다. 무조건 반사에는 무릎을 쳤을 때 무릎이 펴지는 것, 뜨거운 냄비에 손이 닿았을 때 자신도 모르게 재빨리 손을 떼는 것, 이물질이 코나 입에 들어왔을 때 재채기를 하는 것, 빛을 비추면 동공의 크기가 줄어드는 것 등이 있다. 무조건 반사는 자극이 감각 기관과 감각 신경으로 전달되면 운동 신경에 명령을 내리고 운동 기관이 명령을 받아 기기 전에 척수가 바로 운동 신경에 명령을 내려 순간적으로 일어나는 '무의식적 반응'이다.

▲ 무조건 반사는 자극이 감각 기관과 감각 신경으로 전달되면 척수가 바로 운동 신경에 명령을 내려 순간적으로 일어나는 무의식적 반응이다.

반사에는 무조건 반사와 조건 반사가 있는데, 무조건 반사는 뇌를 거치지 않고 척수가 명령을 내려서 순간적으로 일어나는 무의식적 반응이다. [무조

건 반사는 학습하지 않아도 일어나는 반응이지만 조건 반사는 학습을 통해야 일어나는 것이다.] 자극에 대한 과거의 경험을 대뇌가 기억하고 있다가 그 자극이 나타나면 일어나는 반사이다. 신맛이 나는 레몬을 보면 침이 고이는 것은 과거에 레몬을 먹어 보아서 신맛이 나는 것을 알고 있기 때문이다. 만약 레몬을 한 번도 먹어 본 적 없는 사람에게 레몬을 보여 준다면, 그 사람은 레몬이 시다는 것을 모르기 때문에 입에 침이 고이지 않을 것이다. 조건 반사는 감각 기관을 통해 전달되고, 대뇌가 자극에 대한 과거의 경험을 떠올릴 때 운동 신경에 명령을 내려 운동 기관이 명령을 내려 반응하는 것이다.

▲ 조건 반사는 자극에 대한 과거의 경험을 대뇌가 기억하고 있다가 그 자극이 나타나면 일어나는 무의식적 반응이다.

우리 몸은 그 어떤 기계보다 과학적으로 설계되어 있다. 그래서 자극이 왔을 때 빠르게 반응하지 않으면 위험한 자극과 그렇지 않은 자극을 구분하여, 위험한 자극에는 '무의식적인 반응'을, 그렇게 위험하지 않은 자극에는 '의식적인 반응'을 한다. 만약 우리의 호흡이나 심도, 위 등에 이물질이나 독성 물질이 들어왔을 때 바로 재채기나 구토 같은 반응을 하지 않으면 위험할 수 있는데, 우리 몸은 이를 알아서 조절해 주는 것이다.

▲ 우리 몸은 과학적으로 설계되어 있어 위험한 상황을 감지하고 조절한다.

구조읽기

1 반응   2 감각   3 척수

1 ① **2** ④ **3** (3) **4** (1) **5** 수현 **6** 자극, 조건 반사
7 예시 답안 참고

세부 내용 파악하기

1 이 글에서 우리의 몸은 자극이 왔을 때 위험한 자극과 위험하지 않은 자극을 구분해서 위험한 반응에는 빠르게 반응한다고 하였으므로, ①은 이 글의 내용과 알맞지 않다.

② 1 문단에서 날아오는 공을 감각 기관을 통해 보는 것을 자극이라고 하였다. 이를 통해 자극을 감각 기관을 통해 받아들인다는 것을 알 수 있다.

③ 2 문단에서 대뇌는 전달받은 정보를 해석하고 어떻게 움직여야 하는지 결정한 후 운동 신경에 명령을 내린다고 하였다.

④ 4 문단에서 무조건 반사는 학습하지 않아도 일어나는 반응이지만, 조건 반사는 학습이 되어야 일어나는 반응이라고 하였다.

⑤ 3 문단에서 뜨거운 냄비에 손이 닿았을 때 자신도 모르게 재빨리 손을 떼는 것은 무조건 반사라고 하였다.

문맥에 맞는 사자성어 찾기

2 '신광석화'는 '번갯불, 부싯돌에서 번쩍이는 불빛처럼 매단히 짧은 순간 또는 매우 빠른 동작.'을 가리키는 것으로 ⊙과 가장 관련 있는 사자성어이다.

설명 방식 파악하기

3 ⑦는 우리 몸이 자극에 대해 반응하는 과정을 순서대로 설명하고 있다.

일의 과정 파악하기

4 제시된 자료는 자극, 감각 기관, 감각 신경을 지나 대뇌 혹은 척수를 거쳐 운동 신경과 운동 기관을 통해 반응하는 과정이므로, 의식적인 반응인 (1)의 과정이다.

반응의 적절성 파악하기

5 재채기는 자신의 의지와 상관없이 무의식적으로 일어나기 때문에 의식적으로 참을 수 없다.

전야: 조건 반사를 정확히 이해하고 포도를 생각하면 침이 고이는 까닭은 포도가 시다는 것을 학습했기 때문이라고 말하고 있다.

세지: 무조건 반사를 정확히 이해하고 뜨거운 것은 위험한 자극이므로 뜨거운 것을 손으로 만졌을 때 우리 몸이 위험을 감지하고 무의식적인 반응을 하게 된다고 말하고 있다.

자료 분석하기

6 종소리라는 자극 후에 먹이를 준다는 경험을 대뇌가 기억하고 있다가 그 자극이 나타나면 침을 흘리는 반사가 작용하므로 조건 반사에 해당한다.

7 예시 답안

아침에 알람 소리에 눈을 뜨고 맨 처음 하는 일은 미지근한 물을 마시는 것이다. 그리고 세수를 하고 머리를 감는다. 그 다음 아침밥을 먹고 양치를 한다. 옷을 입고 책가방을 멘다. 마지막으로 부모님께 잘 다녀오겠다는 인사를 드린 후 버스를 타러 간다.

😀	아침에 등교하는 과정을 5단계로 순서에 맞고 자연스럽게 잘 썼습니다.
🙂	아침에 등교하는 과정을 5단계로 순서에 맞게 서술하였으나, 과정을 연결하는 말이 자연스럽지 못했습니다.
🙁	아침에 등교하는 과정을 5단계로 순서에 맞게 서술하지 못했습니다.

18 뉴스 보도의 짜임

★ 내가 표시한 내용과 예시 답을 비교하며 읽어 보세요.

3 호독

1분 걸러고 하는 숏폼 시대

진행자: 요즘 유튜브나 SNS에는 1분 보다도 짧은 (숏폼) 영상이 넘쳐 납니다. 뉴스

중심 글감

기사나 예능 프로그램 등에서 가장 자극적이고 재미있는 부분만 편집해서 만든 숏폼을 보다 보면 몇 시간이 훌쩍 지나갑니다. 이렇게 숏폼이 인기를 끌면서 여러 문제가 나타나고 있습니다. 어떤 문제인지 이수헌 기자가 알려 드립니다.

▲ 진행자의 도입: 숏폼이 유행하면서 여러 문제가 나타나고 있습니다.

기자: '숏폼'은 주로 소셜 미디어 플랫폼에서 사용되는 용어로 짧게는 15초, 최대 10분 이내로 만들어진 짧은 영상을 가리킵니다. 숏폼은 직관적이고 흥미로워 사용자들이 쉽게 소비하고 공유합니다. 빠르고 간결한 정보 전달과 강한 인상을 남기는 것이 목표이기 때문에 시각적, 청각적으로 자극적인 요소들로 채워져 있

기자가 숏폼의 문제점을 전달함.

어 중독되기 쉽습니다. 숏폼에 중독되면 전문가들을 만나 들어보겠습니다. 어떤 문제를 일으키는지 학생들과 전문가들을 만나 들어보겠습니다.

▲ 기자의 보도: 숏폼은 자극적인 요소들로 채워져 중독되기 쉽습니다.

학생 1: 자기 전까지 스마트폰을 손에서 놓지 못해요. 숏폼 보다가 늦게 자서 다음 날 수업을 듣기 힘들 때가 많아요. ──── 학생들이 앓을 통해 숏폼의 문제점을 전달함.

학생 2: 짧은 영상에 익숙해지다 보니 긴 영상은 지루해서 집중하기가 힘들어요. 볼 영상을 고를 때 10분이 넘는 건 안 골라요. 영화도 짧게 요약된 요약본을 보

전문가를 통해 숏폼의 문제점을 전달함. ①

다 보니 극장에서 상영하는 120분이나 150분 정도 하는 긴 영화는 못 보겠어요.

청소년 상담사: 짧은 영상에 익숙해진 아이들은 긴 영상이나 글을 받아들이기 어

전문가를 통해 숏폼의 문제점을 전달함. ①

려워하게 되고 그러면서 집중력과 문해력 저하 문제를 일으킵니다. 또한 숏폼이 자극성 때문에 일상생활에 흥미를 잃고 계속해서 더 큰 자극을 찾는 현상도 나타납니다. 청소년들은 성인에 비해 자제력이 부족해서 숏폼 시청을 조절하는 데 더 어려움이 있습니다.

▲ 기자의 보도: 숏폼에 익숙해지면 집중력과 문해력 저하를 일으키며 숏폼의 자극성 때문에 더 큰 자극을 찾게 됩니다.

뇌과학자: 숏폼처럼 자극적인 영상을 시청할 때는 뇌에서 시각적 자극을 담당하는 후두엽이 주로 활성화됩니다. 책을 읽거나 공부할 때는 전두엽이 활성화되면서 자발적인 노력이 가해지는 능동적 집중이라고 쓰입니다. 그런데 숏폼을 볼 때는 뇌에 들어오는 영상을 수동적으로 보는 수동적 집중이 쓰입니다. 수동적 집중

전문가를 통해 숏폼의 문제점을 전달함. ②

만으로 뇌의 균형을 쉽게 만듭니다. 수동적 집중만만 계속 쓰면 올바른 선택을 하지 못하거나 새로운 정보를 수용하는 데 어려움이 생길 수 있습니다. 특히 중독이나 충동에 취약해집니다."

▲ 기자의 보도: 숏폼에 중독되면 뇌의 균형을 잃어서 올바른 선택을 하지 못하거나 새로운 정보를 수용하는데 어려움이 생깁니다.

기자: 성인보다 청소년들에게 더 치명적인 숏폼 중독. 이를 해결할 수 있는 방법에

디지털 디톡스에 대한 내용

는 무엇이 있을까요? 시청 시간을 줄이는 방법으로 가장 좋은 단어 디지털 디톡스가 있습니다. [디지털 디톡스란 'Digital'에 해독이라는 뜻의 단어 'Detox'를 결합한 말로, 디지털 세상에서 잠시 벗어나 쉬며 활동을 통해 피로해진 몸과 마음을 회복하자는 의미입니다. 디지털 디톡스를 실천하는 방법으로는 외출 후 집에 돌아오자마자 '핸드폰 바구니'에 스마트폰을 보관하고 가족과 함께 시간을 보내는 것이 있습니다. 스마트폰을 아예 사용하지 않는 것이 힘들다면 부모님 또는 선생님과 적정 사용 시간을 정하고 '스마트폰 사용 계약서'를 만들어 지켜보는 것도 도움이 됩니다. 오늘부터라도 디지털 디톡스를 통해 영상 시청을 줄이고, 독서나 토론 등 능동적 집중력이 쓰이는 활동으로 두뇌를 활성화시켜 보는 것이 있습니다.

▲ 기자의 마무리: 디지털 디톡스로 숏폼 영상 시청 시간을 줄여 숏폼 중독을 해결해야 합니다.

독해 완성

1 중독성   2 문해력   3 나

★ 새롭게 알게 된 낱말이나 어려운 낱말을 함께 써 보세요.

중심 글감에 ○
숏폼의 문제점이
드러난 부분에 ～～
디지털 디톡스
관련 내용에 [　]

122~123쪽

1 ② 2 ①,④ 3 (2) 4 (1) 진행자 (2) 기자 5 ⓔ
6 희주 7 예시 답안 참고

 이해 (핵심 교과 역량)

중심 내용 파악하기

1 이 글은 숏폼으로 인해 발생하는 증상과 그 증상의 문제점을 학생들의 경험담과 전문가의 의견과 함께 제시하며 중독되지 않도록 노력하자는 내용을 말하고 있다.

활용 자료 파악하기

2 이 글에서는 숏폼의 위험성을 알리기 위해 학생들과의 면담 내용과 전문가와 청소년 전문가의 의견을 이견을 자료로 활용했다.

 적용 (핵심 교과 역량)

뉴스 보도의 짜임 파악하기

3 뉴스의 짜임에서 ⑦는 뉴스의 해심 내용을 요약하여 안내하는 진행자의 도입 부분에 해당한다.
(1) 기자의 보도 부분에서는 시민이나 전문가의 면담이나 취재한 내용, 그리고 관련 자료를 활용하여 자세하고 정확히 보도한다.
(3) 기자의 마무리에서는 전체 내용을 요약하거나 해심 내용을 강조하며 뉴스를 마무리한다.

뉴스 진행자와 기자의 역할 파악하기

4 뉴스의 짜임에서 뉴스 진행자는 도입에서 사람들의 관심을 끌 수 있는 내용과 뉴스의 해심 내용을 요약하여 전달하는 역할을 하고, 기자는 뉴스 진행자가 안내한 내용을 시민이나 전문가의 면담이나 취재한 내용 그리고 관련 자료를 활용하여 자세하고 정확하게 보도한다. 따라서 (1)은 진행자가 도입에서 전달하고 (2)는 기자가 보도 내용으로 전달한다.

자료 분석하기

5 이 설문 조사 자료는 숏폼 시청 조절이 어려운지 묻는 설문에 '예'라고 대답한 대상별 비율이다. 이 설문 조사 결과는 다른 대상에 비해 청소년이 숏폼 시청을 조절하는 데 어려움이 많다는 것을 보여 주는 것이므로 ⓔ의 근거 자료로 알맞다.

반응의 적절성 파악하기

6 숏폼 중독을 해결하기 위한 방법인 디지털 디톡스를 하려면 문자 메시지나 SNS 같은 온라인 상에서의 소통보다 직접 만나서 소통하는 시간이 필요하다. 따라서 직접 만나지 않고 문자 메시지지만 친구와 소통한다는 희주는 디지털 디톡스를 바르게 실천하고 있지 않다.

 생각 넓히기 (단원 마무리)

7 예시 답안

파란 하늘, 시원해진 바람. 곧 가을 운동회가 열릴 것을 날씨가 먼저 알려 주는 것 같습니다. 이곳 달콤초등학교에서는 오는 10일에 열리는 운동회를 위해 학생들이 지마다 연습을 하고 있습니다. 구슬땀을 흘리며 달리기를 연습하는 모습, 장기자랑을 위해 노래에 맞추어 춤을 연습하는 모습 등 다양 다채롭습니다. 학생들에게 운동회에서 제일 기대되는 것은 무엇인지, 준비 과정에서 힘든 점도 없는지 물었습니다.

😄	주어진 주제와 진행자의 도입 내용에 맞게 기자의 보도 내용을 형식에 맞춰서 잘 썼습니다.
🙂	주어진 주제와 진행자의 도입 내용에 맞지만 기자의 보도 내용을 형식에 맞게 쓰지 못했습니다.
🙁	주어진 주제와 진행자의 도입 내용과 관련이 없는 내용을 썼습니다.

19

근거의 적절성

★ 내가 표시한 내용과 예시 답을 비교하며 읽어 보세요.

3회분

1+1, 2+1 행사 규제가 필요하다!

대형 마트나 편의점에서 물건을 하나 사면 같은 제품을 하나 더 주는 1+1 행사나 두 개를 사면 하나를 더 주는 2+1 묶음 할인 행사를 자주 봤을 것이다. 사람들은 이런 행사 제품을 보면 덤으로 물건을 얻는다고 생각해서 덥석 산다. 하지만 이런 (묶음 할인 행사는 여러 가지 문제가 있어 규제할 필요가 있다.)

<u>글쓴이의 주장</u>

▲ 주장: 묶음 상품 할인 행사 규제가 필요하다.

첫째, 1+1, 2+1 등의 묶음 할인 행사는 소비자가 원래 계획했던 것보다 더 많은 돈을 쓰게 만든다. 두 개를 사면 하나를 더 준다고 하니 하나만 사려던 사람도 두 개를 사게 된다. 또 원래 살 생각이 없던 물건도 '+1' 같은 표시를 보면 충동적으로 사게 된다. 필요한 물건도 사고 공짜 덤을 받기 위해 소비를 하는 것이다. 이런 현상을 경제학에서는 '왝더독'(Wag the dog)이라고 한다. 꼬리가 개의 몸통을 흔드는 뜻으로 주객이 전도되었다는 말이다.

근거①

▲ 근거 1: 묶음 할인 행사는 소비자가 계획했던 것보다 더 많은 돈을 쓰게 한다.

둘째, 1+1이나 2+1 묶음 할인 행사는 눈속임 상술일 때가 많다. 묶음 할인 행사는

근거②

는 소비자의 착각이나 실수를 유도해 비합리적인 지출을 하도록 만드는 판매 방식이다. 소비자원의 조사 결과를 보면, 주요 온라인 쇼핑몰에서 1개 9,410원짜리 보다 비싸게 판매를 보면, 주요 온라인 쇼핑몰에서 1개 9,410원짜리 보다 '1+1'로 묶어 26,820원에 판매한 사례가 있다. 덤으로 하나를 더 주는 것처럼 보였지만, 사실은 8,000원이나 더 비싸게 팔아 이익을 얻고 있었던 것이다. 이러한 상술에 속아 순해를 보지 않으려면 가격표를 꼼꼼하게 확인하고, g당 혹은 100g당 가격도 살펴봐야 한다.

▲ 근거 2: 묶음 할인 행사는 눈속임 상술일 때가 많다.

셋째, 묶음 할인 행사 제품들은 품질이 좋지 않거나 는 재고 상품인 경우가 많다. 유통기한이 임박한 상품인 경우에는 사용하기 전에

근거③

바디러가 될 가능성이 크고, 재고 상품인 경우는 품질이 떨어지거나 유행에 뒤떨어져 제대로 사용하지 못할 가능성이 있다. 싸게 구입한 것 같지만 사실은 좋은 품질의 상품이 아니어서 소비자가 손해를 보게 된다.

▲ 근거 3: 묶음 할인 행사 제품들은 품질이 나쁘거나 유통기한이 임박하거나 재고인 경우가 많다.

넷째, 1+1 또는 2+1 묶음 할인 행사는 불공정한 경쟁을 일으킬 수 있다. 큰 마트나 대기업은 돈이 많아서 이런 행사를 자주 할 수 있지만, 작은 가게나 중소 기업은 그렇게 하기 어렵다. 그러면 작은 가게나 중소 기업은 경쟁에서 밀려나고, 결국 대형 마트나 대기업만 시장에 남게 된다. 이렇게 되면 소비자들이 선택할 수 있는 가게나 상품이 줄어들어 시장의 다양성이 깨지게 된다.

▲ 근거 4: 묶음 할인 행사는 불공정한 경쟁을 일으킨다.

이러한 이유로 '1+1' 또는 '2+1' 묶음 할인 행사 규제는 꼭 필요하다. [이런 규제
<u>글쓴이가 하고 싶은 말</u>
는 소비자를 보호하고, 물건을 많이 사지 않도록 하고, 공정한 경쟁을 하게 하며, 이 이루어지도록 노력해야 한다.]

▲ 정부, 기업, 시민 모두 묶음 할인 행사 규제가 이루어지도록 노력해야 한다.

글쓴이의 주장에 〰
주장을 뒷받침한 근거에 〰
글쓴이가 하고 싶 은 말에 [ ]

★ 새롭게 된 낱말이나 어려운 낱말을 써 보세요.

구조 읽기

1 규제 **2** 도 **3** 상승 **4** 경쟁

1 (1) **2** ① **3** ④ **4** 하은 **5** ④, ⑤ **6** 공짜
7 예시 답안 참고

제목 파악하기

1 대형 마트나 편의점에서 많이 하는 1+1, 2+1 행사의 규제가 필요하다는 것을 적절한 근거를 들어 주장하는 글이다.

세부 내용 파악하기

2 ③ 문단에 1+1 묶음 할인 행사 제품이 낱개로 살 때보다 비싼 경우도 있다고 나와 있으므로 묶음 할인 행사 제품이 항상 가격이 저렴하다는 내용은 알맞지 않다.

근거 파악하기

3 필요할 때마다 구매하는 것보다 시간과 노력을 절약할 수 있다는 내용은 글쓴이의 주장과 반대 주장을 뒷받침하기에 적절한 근거이다.
① 문단에 나와 있는 두 번째 근거이다.
② 문단에 나와 있는 첫 번째 근거이다.
④ 문단에 나와 있는 세 번째 근거이다.
⑤ 문단에 나와 있는 네 번째 근거이다.

근거의 적절성을 파악하는 방법 이해하기

4 근거의 적절성을 파악하기 위해서는 근거가 주장과 관련 있는지 살펴보아야 한다.

적용하기

5 이 글의 만약을 대비해 물건을 많이 사 놓아야 한다는 내용은 나와 있지 않고, 덤 상품을 받기 위해 계획했던 것보다 더 많은 돈을 쓰는 것은 주의해야 할 점이다.

외부 자료 분석하기

6 이 글에서 1+1 제품은 1개를 사면 1개를 공짜로 주는 제품이지만 실은 이득이 되지 않는다고 설명하고 있고, 보기에서는 '공짜' 심심도 실상은 공짜가 아니라고 설명하고 있다.

7 예시 답안

묶음 할인 행사를 규제할 필요가 없다. 그 까닭은 다음과 같다. 첫째, 같은 가격에 두 개의 제품을 얻을 수 있어 비용 절감 효과가 크다. 둘째, 자주 사용하는 제품을 미리 정해 두면 필요할 때마다 다시 구매하지 않아도 되어 시간과 노력을 절약할 수 있다. 셋째, 덤으로 받는 제품은 구입할 생각이 없었던 제품을 경험해 볼 수 있어 저렴한 비용으로 새로운 소비 경험을 할 수 있다. 따라서 1+1 제품을 구매하는 것은 경제적이며 효율적인 소비 습관이 될 수 있다.

>ㅂ<	제시된 근거 3개를 모두 참 연결하여 명료하고 논리적인 주장하는 글을 썼음니다.
:)	제시된 근거 3개 중 2개만 사용하여 주장하는 글을 썼습니다.
:(	제시된 근거 3개 중 1개만 사용하여 주장하는 글을 썼습니다.

3회독

★ 내가 표시한 내용과 예시 답을 비교하며 읽어 보세요.

백제의 미소를 보고 오다!

서울 집을 나서 충청남도의 (아산과 예산)을 지나 (45번 국도)를 달렸어요. [일곱 시간 넘게 걸렸지만 차를 타고 가는 내내 즐거움을 느낄 수 있었습니다.] 사실 이 길을 지나면서 잠을 잔다는 건 너무 아쉬운 일이에요. 창밖으로 펼쳐지는 낮은 산과 넓은 들판이 참으로 시원하고 너그하고 평화롭거든요.

▲ 아산과 예산을 지나 45번 국도를 달리며 창밖의 풍경에 평화로움을 느꼈어요.

[때마침 국도에는 밝고 흰 코스모스들이 흔들거렸고, 이른 가을의 맑은 햇빛 속에서 황금빛 벼들이 일렁거려 더욱 아름다웠습니다. 붉은 꽃빛과 들판의 황금 물결, 이처럼 지극히 평범하고 일상적인 풍경이 그 어떤 것보다 더 진한 감동으로 다가왔어요. 이처럼 이것이 옛 백제의 땅이 아름다움이지 않을까 생각했어요.]

▲ 국도에 펼쳐진 자연에서 진한 감동을 느꼈다.

우리 가족은 (온산)에서 (고풍 저수지) 둑 위를 달리며 한적한 풍경을 즐겼습니다. 소담한 고풍 마을이 아련하게 바라다보였어요. 조금 더 가면 고풍 저수지가 끝나면서 용현 계곡이 나타납니다. 용현 계곡 입구에 바위에 우리가 만나러 가는 서산 마애불이 새겨져 있어요.

▲ 고풍 저수지 둑 위를 달리며 한적한 풍경을 즐겼다.

"훤하게 웃는 산신령님이 있지유." / 이 부근 사람들은 깊은 계곡 절벽에 불상이 새겨져 있다는 것을 오래 전부터 알고 있었습니다. 하지만 이 불상을 깊은 계곡 절벽에 보원사터를 조사하다가 불상을 발견 전설이 전해 내려와요. 이 전설이 사실인지 아닌지 몰라도 실제 용현 계곡 제로 여기저기에는 암자터가 보여요. 문화재 조사를 나온 학자는 마을 사람을 만날 때마다 "혹시 무너진 석탑이나 부처님 새긴 것을 본 적 있어요?"라고 물으며 다녔지요. 그러던 어느 날 들째가 아래에서 나이 든 나부꾼을 만났다는군요.

"부처님이나 탑도 못 찾지만유, 저기 바위에 가믄 훤하게 웃는 산신령님이 한 분 새겨져 있다는디유, 앙앙에 두 분이 더 있시유. 한 분이 다리를 꼬고 앉아서는 요 머으로 볼따구를 찌르면서 '용용 죽겠지?' 하고 놀리니까 다른 분이 돌을 쥐고 던질 제비를 하고 있구만유."

나부꾼이 말한 산신령님과 앙앙이 양옆의 두 분이 바로 서산 마애불, 정식 이름으로는 서산 용현리 마애 삼존상입니다.

▲ 용현 계곡 부근 사람들이 옛날부터 알고 있던 불상을 문화재 관계자들이 1959년 보원사터를 조사하다가 발견하였다고 하였어요.

마애불을 발견한 학자에게 나부꾼이 말한 것처럼 바위에는 세 분이 새겨져 있습니다. 이것을 삼존불 형식이라고 해요. 여래상을 가운데 두고 양옆 옆에 보살상을 두었지요. 여래상은 불교를 일으킨 석가모니의 불상을, 보살상은 보살의 불상을 말합니다. 보살은 아직도 깨달음을 구하고, 아래로는 어리석고 힘든 사람들을 도우며 이끌어 주는 분을 못하는 분을 뜻하지요.

▲ 바위에는 삼존불 형식으로 세 분의 불상이 새겨져 있어요.

앙앙이 보살상 중 무릎을 꼬고 앉은 분은 반가 미륵보살이에요. 먼 미래에 다가올, 평화와 기쁨으로 가득 찬 세상을 생각하며 명상에 잠겨 있지요. 그런데 앙앙이 구슬을 든 보살은 어느 보살을 표현한 건지 여러 이견이 있어요. 나는 어떻게 생각하느냐고요? 글쎄요, [현실 세계에서 어려움이 닥친 사람들을 도와주는 관음보살이 아닐까요? 다음 세상의 봉으로써 사람들의 마음을 더욱 드는해젔음 도를 도와주는 관음보살을 나란히 관음보살을 거라고 생각하였어요.]

▲ 앙앙 보살상 중 앙손에 구슬을 든 보살에 대한 이견이 여러 가지이나 '나'는 어려움이 닥친 사람들을 도와주는 관음보살일 거라고 생각하였어요.

독해 꿀팁

1 여정   2 서산 마애불   3 보살

20
기행문의 요소

★ 새로 알게 된 낱말이나 어려운 낱말을 써 보세요.

- '여정'이 나타난 부분에 ◯
- '견문'이 나타난 부분에 ∼
- '감상'이 나타난 부분에 [ ]

1 (3) **2** ② **3** 백제 **4** (1) 견문 (2) 여정 (3) 감상 **5** ③, ⑤
6 예시 답안 참고

이해

세부 내용 파악하기

1 글쓴이와 가족은 서산 마애불을 보러 갔다.

(1) 내포평야는 목적지로 가는 도중에 지난 곳이다.

(2) 백암사는 서산 마애불을 발견한 경우에 등장하는 옛날 절 이름이다.

제목 파악하기

2 이 글은 서산 마애불을 보러 갔다 온 이야기가 담긴 기행문으로, '백제의 미소를 보고 오다'가 제목으로 알맞다.

적용

여정과 감상 정리하기

3 글쓴이는 내포평야를 지날 때 풍경을 보면서 옛 백제의 땅과 문화가 품은 아름다움이라고 느꼈다.

기행문의 요소 구분하기

4 (1)은 여행하며 들은 것을 말한 것이므로 '견문'이다.

(2)는 여행의 과정이므로 '여정'이다.

(3)은 글쓴이가 생각한 것이므로 '감상'이다.

내용 추론하기

5 보기에 드러난 세 사람의 요구를 다 고려하여 글쓴이는 보원사터라는 폐사지가 있고, 감동적이면서 한적한 곳을 고민하여 서울에서 하루 만에 다녀올 수 있는 서산 마애불을 보러 갔다. ③, ⑤ 45번 국도를 가는 것과 다양한 유물을 보는 것은 가족의 요구가 아니다.

표현

생각을 넓히는 창의 쑥쑥

6 예시 답안

나는 아침 8시에 집을 나선다. 아파트 옆 산책길을 건너가 편의점을 지나면 우리 학교가 나온다. 산책길에는 시냇물이 흐르고 고 작은 나무들이 줄지어 서 있다. 아침에 시냇물 소리를 들으면 기분이 좋아진다. 그래서 나는 학교 가는 길음 무척 좋아한다.

:D	여정, 견문, 감성을 모두 넣어 각 요소가 분명하게 드러나도록 썼습니다.
:)	여정, 견문, 감성을 모두 넣어 썼으나, 각 요소가 분명하게 구분되지 않거나 선명하게 드러나지 않았습니다.
:(	여정, 견문, 감성 중 한두 요소를 빠뜨리고 썼습니다.

메모

달곰한 문해력 기본서

펴 낸 날	2024년 11월 15일(초판 1쇄)
펴 낸 이	주민홍
펴 낸 곳	(주)NE능률

지 은 이	NE능률 문해력연구회
개 발 책 임	장명준
개 발	김경민, 유자연, 이은영, 이해준
디자인책임	오영숙
디 자 인	조가영, 한새미
제 작 책 임	한성일

등 록 번 호	제1-68호
I S B N	979-11-253-4889-4

대 표 전 화	02 2014 7114
홈 페 이 지	www.neungyule.com
주 소	서울시 마포구 월드컵북로 396(상암동) 누리꿈스퀘어 비즈니스타워 10층